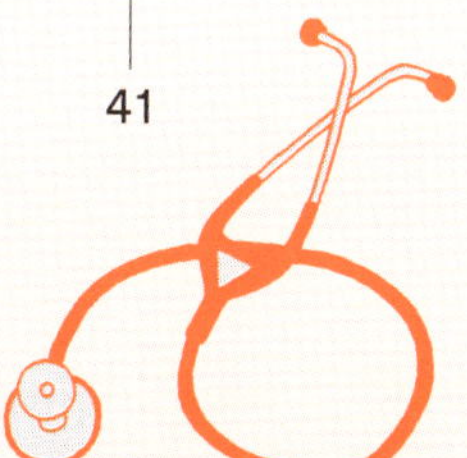

ブックデザイン 亀井伸二
イラスト さくらせかい

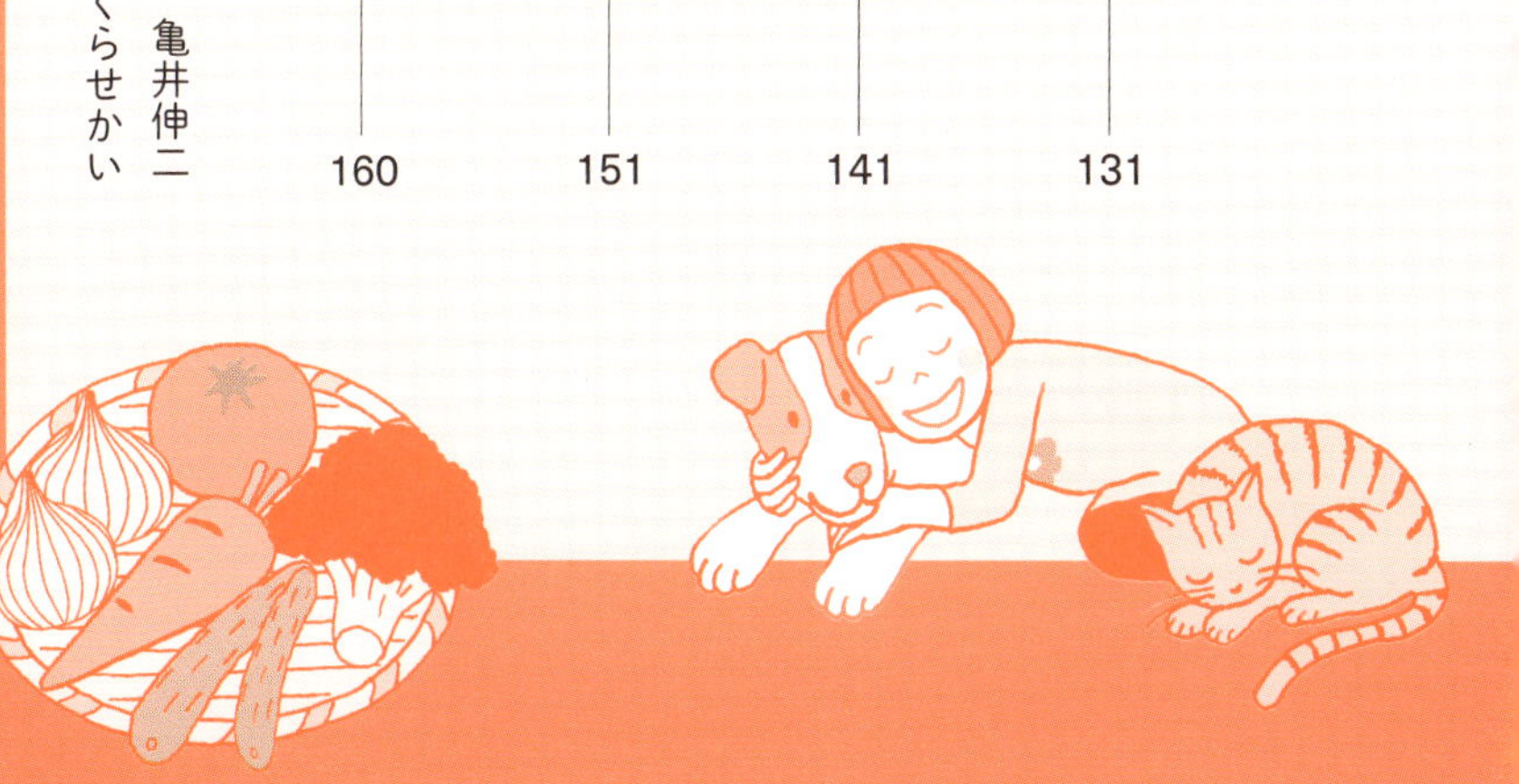

一、本書は、「聖教新聞」に連載された「紙上セミナー　生活に生きる仏教」（２０１４年６月24日付～２０１７年４月25日付）から17編を『生活に生きる仏教』として、教学解説部が編集したものです。

一、御書の引用は、『新編　日蓮大聖人御書全集』（創価学会版、第２６６刷）を（御書〇〇ページ）で示しました。

一、法華経の引用は、『妙法蓮華経並開結』（創価学会版、第二刷）を（法華経〇〇ページ）と示しました。

一、肩書、名称、時節等については、掲載時のままにしています。

一、創価学会の「白樺会」は、婦人の看護者の集い、「農漁光部」は、農林水産業に携わるメンバーのグループ。

つらくなったら、いつでも保健室へ

加藤まり子（かとう・まりこ）
養護教諭
短期大学を卒業後、愛知県の公立高校で養護教諭を務め、現在に至る。１９７１年（昭和46年）入会。婦人部副本部長。中部女性教育者委員長。

近年の社会環境《かんきょう》や生活環境の急激《きゅうげき》な変化は、子どもの心身《しんしん》の健康に大きな影響を与えています。

それは、生活習慣《しゅうかん》の乱《みだ》れだけにとどまらず、いじめや不登校《ふとうこう》、性《せい》に関する問題、薬物乱用《やくぶつらんよう》、アレルギー疾患《しっかん》、感染症《かんせんしょう》など、さまざまな健康上の問題を生じさせ、深刻《しんこく》さを増しています。

こうした中、学校の保健室では昨今《さっこん》、けがや体

調不良などによる対応以上に、心のケアを求《もと》められることが多くなっています。

私は長年、県立高校の養護教諭《ようごきょうゆ》を務《つと》めてきました。養護教諭とは、いわゆる〝保健室の先生〟です。現在も、思春期真《ししゅんきま》っただ中の高校生と、さまざまな課題に向き合っています。

私が養護教諭《ようごきょうゆ》の仕事を一生の仕事とし、44年間も続けることができたのは、高校時代の担任、N先生との出会いがあったからです。

当時のわが家は、経済的にとても大学に進学できる状況ではありませんでした。そのため、卒業後の進路は就職とし、就職先も、ほぼ決めていました。

ところが、夏休みのある日曜日、N先生が、わが家を訪問し、両親に向かって、「大変だとは思いますが、何《なん》とか大学受験をさせてあげてください」と、深く頭を下《さ》げられたのです。この担任の一人を思う真心《まごころ》の行動のおかげで、私は進学し、養護《ようご》教諭《きょうゆ》となることができたのです。

自信を取り戻し志望の大学に合格

長い教員生活の中には、さまざまな生徒との出会いがありましたが、親の期待に応《こた》えたいと、けなげに頑張《がんば》る子が、思うような結果が出せず苦しむケースが、しばしばありました。

当時、3年生だったC君は、3年に進級した頃《ころ》から体調不良を訴《うった》え、保健室に来室《らいしつ》することが多くなり、遅刻《ちこく》や欠席が目立つようになりました。

2学期に入り、本人は努力を続けるものの、一向《いっこう》に上がらない成績に自信をなくし、学習面での自信喪失《そうしつ》が生活全般に影響していきました。

学習意欲が低下し、家にいる時は常にパソコンの前から離《はな》れることができず、昼夜《ちゅうや》が逆転し、生活は乱れていきました。

私は、まずC君の気持ちに寄り添《よそ》いながら、彼に「つらくなった時は、いつでも保健室へ来ていいよ」と声を掛《か》けました。そして、担任や学年主任等と連携《れんけい》し、学習面でのサポート態勢を取っていただくよう、お願いしました。

その一方で、わが子の変貌《へんぼう》ぶりに憔悴《しょうすい》しきった母親への支援も必要でした。徹《てっ》して母親の話にも耳を傾《かたむ》けるようにしました。

C君は、保健室を出たり入ったりの日々が続きましたが、私は焦《あせ》らず、本人の可能性を信じて粘《ねば》り強く見守りました。

2学期後半になると、C君の気持ちも安定し、笑顔が戻り、生活も改善していきました。そして、自《みずか》らの進路について、どの大学で何を学びたいか、自らの意思《いし》を語るまでになり、両親の応援を得て、志望校への合格を果たしたのです。

教師に望《のぞ》まれる理想の接し方

創価学会教育本部では、教育部員による三千事例の教育実践記録を分析し、教師に望まれる児童・生徒への関《かか》わり方を五つ、抽出《ちゅうしゅつ》しました。

その五つとは、①「信じぬく」②「ありのまま受け容《い》れる」③「励《はげ》まし続ける」④「どこまでも支《ささ》える」⑤「心をつなぐ」というものです。

池田大作先生は、この五つの関わりを通して、「信頼できる大人《おとな》が見守り、励ましてくれることは、子どもたちに安心と向上をもたらしていきます」と述べています。私も、このことを自身の子育てを通して痛感《つうかん》しています。

娘は、幼少時《ようしょうじ》から、まじめな性格で手のかからない子でした。しかし、中学1年の頃《ころ》から勉強に身《み》が入《はい》らなくなり、なんとか高校には進学したものの、成績は全《まった》く振《ふ》るいませんでした。私は娘の顔を見るたびに、注意や小言《こごと》ばかり言っていました。

そうした中、思わぬ出来事《できごと》が起こりました。娘が親に相談なく、当時、流行《りゅうこう》していたポケベルを身に着けるようになったのです。追及《ついきゅう》する私に娘は、「お母さ

児童・生徒への関わり方

① 信じぬく
② ありのまま受け容れる
③ 励まし続ける
④ どこまでも支える
⑤ 心をつなぐ

んに相談しても反対されるだけ。私の気持ちなんか、分かってもらえない」と言ったのです。

私は、自身の子育てを振り返りました。娘の気持ちを考えず、親の〝物差《ものさ》し〟で娘に接していたこと。さらに、努力したことも、ほめようとせず、〝もっと頑張って〟と、結局はプレッシャーをかけていたこと。どれも親の〝エゴ〟でしかないことに気《き》付《づ》いたのです。

私は深く反省し、娘に詫《わ》びました。こうした経験から、学校でも家庭でも、子どもの長所を見つけてほめ、それを伸《の》ばしていく関わりを強く意識するようになりました。

その人の個性・特質を発揮させる

仏法は、一人一人がありのままの姿で、最高に輝《かがや》いていく生き方を教えています。その原理が、「桜梅桃李《おうばいとうり》」という考え方です。

桜梅桃李《おうばいとうり》とは、桜も梅も桃も李《すもも》も、それぞれ趣深《おもむきぶか》く、素晴《すば》らしい特性・個性があり、その特性・個性を開花《かいか》させるということです。人も同じであり、一人一人が、それぞれ他の人にはない固有《こゆう》の特質・個性を持っていて、それを発揮《はっき》して生かしていこうとする考え方のことです。

「御義口伝《おんぎくでん》」には「桜梅桃李の己己《ここ》の当体《とうたい》を改《あらた》めずして無作三身《むささんじん》と開見《かいけん》す」（御書７８４ページ）と示されています。春になると、桜、梅、桃、李《すもも》が、それぞれ色や形、香《かお》り等の特質を改《あらた》めることなく、ありのままで見事に咲き薫《かお》ります。その姿が、成仏に譬《たと》えられているのです。

私は、仏法のこうした教えを心に刻《きざ》み、生徒一人一人の持つ可能性、個性を伸ばしてい

く関わりを続けてきました。生徒が、自分らしさを開花させるためには、周囲にいる私たちが粘《ねば》り強く関わってその個性を光らせていく努力が欠《か》かせません。

私が、指針としてきた池田先生の教えがあります。それは、子どもは教師や親の所有物《しょゆうぶつ》ではなく「人類共有《きょうゆう》の宝」であるという〝尊敬の心に基《もと》づく教育〟を呼び掛《か》けられた言葉です。

未来の宝を育《はぐく》む思いで、これからも目の前の一人を大切にし、生徒の幸せのために力《ちから》を注《そそ》いでいく決意です。

病《やまい》を防ぐ力《ちから》は、笑い・明るさ・前向き

「昨日から急にトイレが近くなって、手洗《てあら》いに行ってもすぐに出したくなります。出す時、痛いし、血液も出ているようなんです」

医師は検尿《けんにょう》を顕微鏡《けんびきょう》でのぞき見ながら、「ああ、膿《うみ》がいっぱい出ていますね。細菌《さいきん》も多いし赤血球《せっけっきゅう》も見えています。膀胱炎《ぼうこうえん》ですね」。泌尿器科《ひにょうきか》の診察室でよく見られるやりとりです。

山川弦一郎（やまかわ・げんいちろう）
泌尿器科医
山口市内の泌尿器科医院で院長を務める。泌尿器科専門医。医学博士。１９７６年（昭和51年）入会。山口池田総県副総県長。中国方面ドクター部書記長。

顕微鏡《けんびきょう》をのぞくと、膿《うみ》と表現された白血球《はっけっきゅう》や細菌《さいきん》などが見えます。白血球は、敵《てき》が体内に侵入《しんにゅう》してきた時、それを撃退《げきたい》する働きをします。いわば膀胱《ぼうこう》を〝戦場〟として、細菌と白血球との〝戦争〟が起こっているのです。

こうして〝戦場〟になったことで、膀胱《ぼうこう》は荒れて真《ま》っ赤《か》に腫《は》れ上《あ》がり、少しの刺激《しげき》にも敏感《びんかん》になって、少し尿《にょう》がたまっても、すぐに手洗いに行きたいと感じます。赤く腫《は》れ上がった膀胱《ぼうこう》からは、出血して血尿《けつにょう》が出る場合もあります。このようにして膀胱で起こっている細菌《さいきん》との〝戦争〟を膀胱炎《ぼうこうえん》といいます。

こうした敵《てき》との小競《こぜ》り合《あ》いは、いつも起きていますが、敵が少ないうちは症状が出ません。敵が多くなると、症状を伴《ともな》った疾患《しっかん》と診断されます。

膀胱炎《ぼうこうえん》では、おりものが多い時や多くの細菌《さいきん》が入ってきた時、症状が出ます。また、水分を取らなかったり、排尿《はいにょう》を我慢《がまん》した時にも、細菌が増殖《ぞうしょく》して症状が表れます。さらに、風邪《かぜ》をひいたり、無理をして疲《つか》れると抵抗力《ていこうりょく》が弱まり、症状が出てきます。

こうした敵《てき》との戦いは全身で起こっていて、恒常的《こうじょうてき》に自身の抵抗力《ていこうりょく》で、病気になることを防《ふせ》いでいます。この、病気を防ぐ力《ちから》を免疫《めんえき》機能（免疫力）といいます。

定期的な検診で早期にがんを発見

例えば、がん細胞は、私たちの体の中で毎日、四千個以上、つくられているとされ、これは免疫《めんえき》機能によって、日々、発見され、増殖する前に破壊《はかい》されているといわれます。

しかし、がん細胞との初戦に敗《やぶ》れると、あっという間《ま》にがん細胞は増殖し、免疫《めんえき》力《りょく》では抑《おさ》えきれなくなり、やがて症状を伴うがんへと発展します。

早期発見・早期治療《ちりょう》が、がん治療の鉄則《てっそく》ですので、定期的な検診で症状が出ないうちにがんを発見することが大切です。

と同時に、日常的に私たちにできることは、自身の免疫《めんえき》機能を高めることです。

これに関して、ある画期的《かっきてき》な発表がありました。ロンドン大学の外科《げか》チームが、乳《にゅう》がん患者《かんじゃ》に病名を告《つ》げて手術《しゅじゅつ》し、その5年後の状態を調べたのです。

この研究の特徴的《とくちょうてき》なところは、病名を告げた後の精神状態と、病気の予後《よご》との関係を探《さぐ》った点でした。

結果は、闘争心を持ってがんと闘い抜いた人や全《まった》く以前と変わらない生活を送った人は、5年後の再発率《さいはつりつ》は低く、死亡率も低いというものでした。一方で、不安や恐怖を感じながら、毎日、おびえて生活を送った人たちは、再発率が高く、死亡率が高かったのです。

この研究をきっかけに、心の状態と免疫《めんえき》機能との関係について研究がなされ、心と体とは密接《みっせつ》に結び付いていることが分かってきました。笑ったり、気持ちが明るかったり、前向き、意欲的な時に、免疫機能は高まるのです。

人の力《ちから》になることで、その人が自《みずか》らの支《ささ》えに

しかし、心は常に変化します。ふとした縁《えん》に触《ふ》れて、不安や恐怖が頭をもたげる

のも、人の常《つね》です。

そこで、もう一つ大切になるのが「支援《しえん》ネットワーク」です。これは、自身の支《ささ》えとなる人間関係のことです。自身が大変な時に人が心配をして励《はげ》ましてくれることは、病《やまい》と向き合っていく上でも大きな力《ちから》になります。

では、どうすれば多くの人を自分の支援《しえん》ネットワークにすることができるのでしょうか。それは、やはり日頃《ひごろ》から自分が人の心配をして励ましを送り、他人の力《ちから》になることとなのだと思います。

日蓮大聖人は「譬《たと》へば人《ひと》のために火をともせば・我《わ》がまへあきらか《明》なるがごとし」（御書1598ページ）と仰《おお》せになっています。人のための振《ふ》る舞《ま》いは、同時に自分自身のためにもなるものです。

私は多くの方々の病気の相談に関《かか》わってきました。どの方も抱《かか》えきれない不安を胸に相談に来られます。そんな時、まずお話しするのは、病気になったことには必ず意味があるということです。

例えば大聖人は、ご主人が病気を患《わずら》う門下《もんか》に「病《やまい》によりて道心《どうしん》はをこり候《そうろう》なり」（御書１４８０ページ）と励まされ、病をきっかけとして、より信心を深める生き方を教えられています。

元気になって人々に恩返し

病気になることが、そのままマイナスなのではありません。病《やまい》に直面しても、それをきっかけとして、自《みずか》らの人生をより意味あるものにできるかどうかこそが問《と》われるのです。

さらに、私は相談を受ける中で、医療の現場では主治医《しゅじい》が〝主役《しゅやく》〟なのではなく、病《やまい》に苦しんでいる患者《かんじゃ》さんこそが〝主役〟であると語っています。患者さんの意識を、運命に身を任《まか》せるしかない状態から、運命を切り開く主体者だと自覚する状態へと変えていくためです。これは、もちろん主治医の言うことを聞かないという意味ではありません。要は、主治医さえも自身の支援《しえん》ネットワークの一員にするということです。

その上で、一日一日、一瞬《いっしゅん》一瞬を何《なん》のために生きるのか。こうした人生の目的や〝原点〟となることを、相手が再確認できるように話を伺《うかが》います。

とはいえ、病気になると、どうしても弱気《よわき》になるのも事実です。その結果、自分だけが苦しい、不幸だと思いがちです。いわば、命が狭《せば》まっていきます。

しかし、〝自身は独《ひと》りぼっち〟ではありません。自分のことを心配してくれる人が周囲にいる場合は多くあります。そうした人々の存在が見えてくると、その人たちも、悩《なや》みや苦しみを抱《かか》えながら、人を支《ささ》えようとしていることがわかってきます。すると、何としても

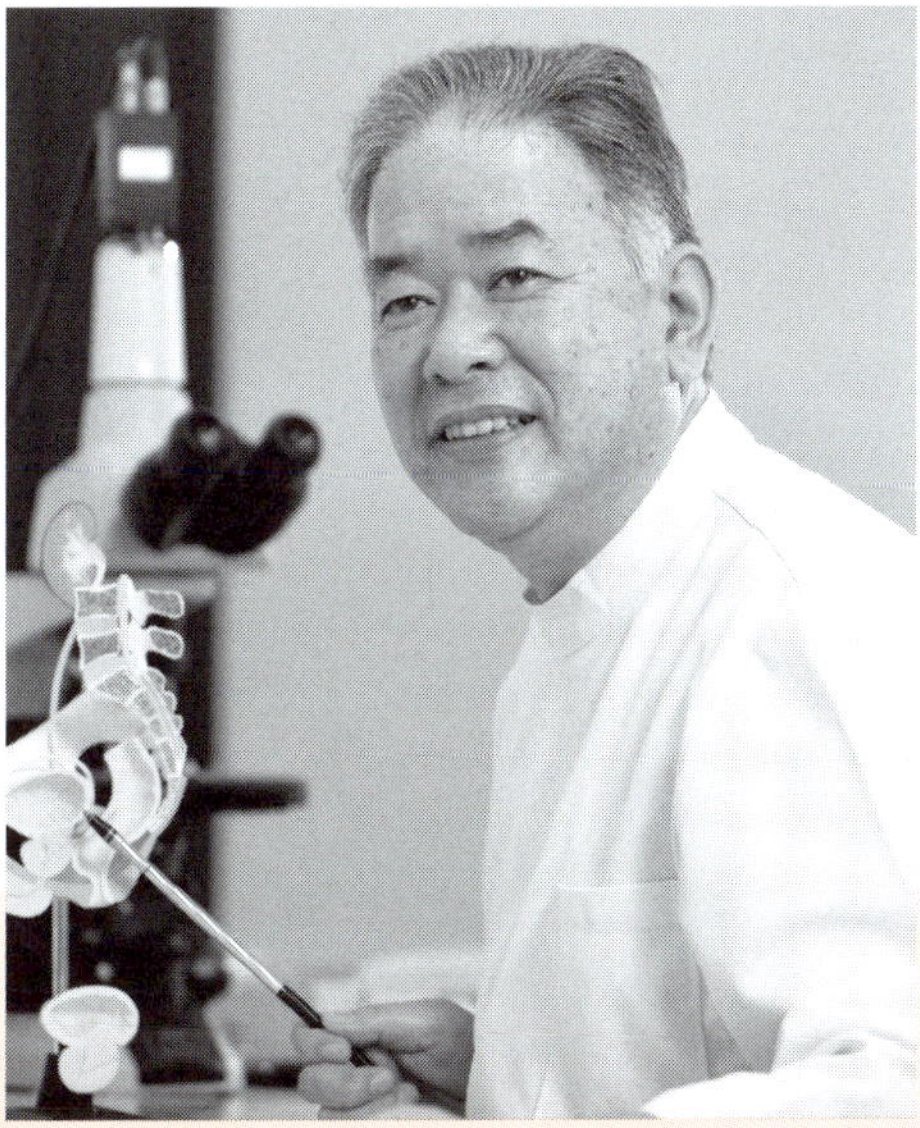

病気を乗り越えて恩返しをしたいと、前向きになることができるのではないでしょうか。

私も、これまで支《ささ》えてくれた同志《どうし》の方々への感謝は尽《つ》きません。この感謝を胸に、これからも患者さんをはじめとする多くの人々のために力《ちから》を尽《つ》くす人生をと決意しています。

COLUMN
コラム

病《やまい》に勝つと決める

病気になると、不安になり、思い悩《なや》むことが、誰しもあるでしょう。日蓮大聖人は、病《やまい》に悩む門下《もんか》に何通も励《はげ》ましのお手紙を送られています。その中に、こういう一節《いっせつ》があります。

〝あなたもまた、御信心《ごしんじん》は月が満月になり、潮《しお》の満ちてくるようにいよいよ強盛《ごうじょう》ですから、どうして病《やまい》が癒《い》えず、寿命《じゅみょう》が延《の》びないことがあろうかと強い思いをもって、御身《おんみ》を大切にし、心の中であれこれ嘆《なげ》かないことです〟（御書975ジペー、趣旨）

ここでは、強盛《ごうじょう》な信心が病苦《びょうく》を乗り越える根本の力《ちから》であると励まされるとともに、あれこれ嘆《なげ》かないことを強調されています。

そして、大聖人は続けて、〝我らは仏《ほとけ》になることは絶対に疑《うたが》いないとお思いになれば、何の嘆《なげ》きがあるでしょうか〟（御書976ジペー、趣旨）と述べられています。必ず病苦に打ち勝ってみせると心を定《さだ》める大切さを示された仰《おお》せとも拝《はい》されます。

〝必ず病《やまい》を乗り越える〟と決めて病気と闘う姿勢が、病苦に打ち勝つためにも、やはり不可欠《ふかけつ》なのです。

牛も私たちもストレスフリー

小笠原幸子（おがさわら・さちこ）
酪農家
岩手県二戸市で、夫の昭さんと「小笠原牧場」を経営。東京・荒川区で生まれ育ち、結婚を機に東北へ。１９５７年（昭和32年）入会。支部副婦人部長。農漁光部員。

私は、岩手県二戸《にのへ》市で主人と2人で乳牛《にゅうぎゅう》を飼育《しいく》する酪農家《らくのうか》です。東京の荒川区《あらかわく》で生まれ育った私は、２００４年（平成16年）に次女を連れて再婚しました。都会《とかい》とは全《まった》く異《こと》なる環境《かんきょう》と慣《な》れない酪農の仕事で苦労の連続でした。

臭《くさ》い、汚《きたな》い、きつい仕事が嫌《いや》で、逃げ出したくなることもありました。しかし、〝使命あって来

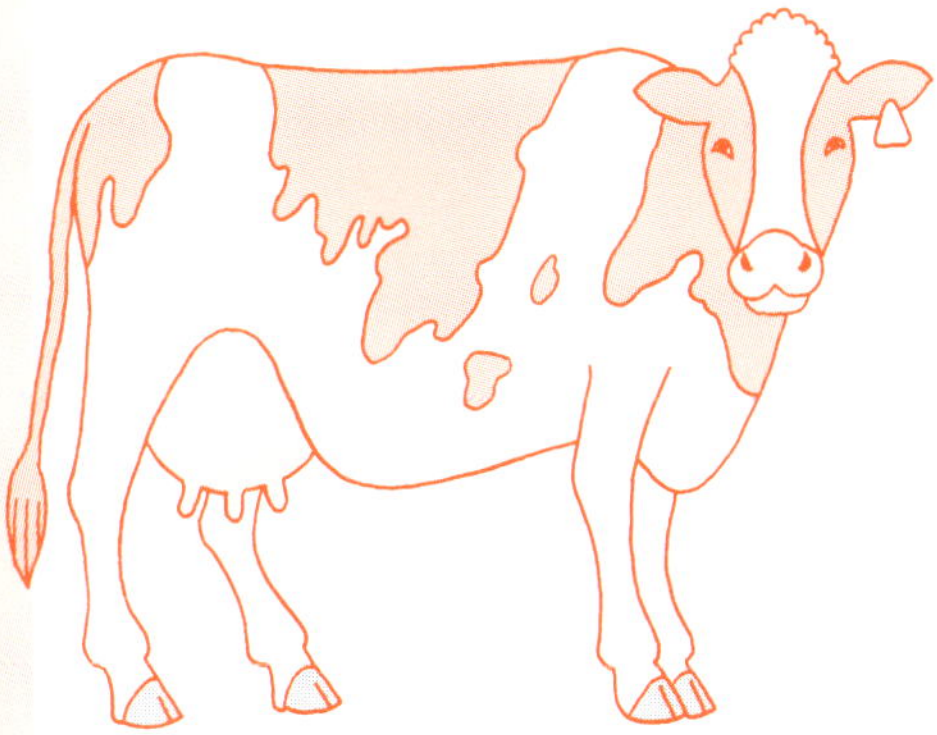

たのだ。今いる場所で勝つ〟と腹《はら》を決めると、一念《いちねん》が定《さだ》まり、酪農《らくのう》の仕事に対する姿勢《しせい》も、仕方なくやる状態から、進んで仕事をする状態になりました。

法華経法師品《ほけきょうほっしほん》に「願兼於業《がんけんおごう》」(願いが業《ごう》を兼《か》ねる)の法理《ほうり》が説《と》かれています。

ここでは、修行《しゅぎょう》の功徳《くどく》によって偉大な福運《ふくうん》を積んだ菩薩《ぼさつ》が、安住《あんじゅう》の境涯《きょうがい》に生まれるという業の報《むく》いを捨てて、人々を救《すく》うために自《みずか》ら願って悪世《あくせ》に生まれ妙法を弘通《ぐつう》することが述べられています。

すなわち、菩薩《ぼさつ》の誓願《せいがん》の力《ちから》によって、自分自身のさまざまな宿命を、わが使命と捉《とら》え返《かえ》していくことができるのです。私が、嫁《とつ》いだ地を自身の使命の場と決めたのは、こうした仏法の教えが生き方の支《ささ》えにあるからです。

クモの巣《す》だらけで、空《あ》き缶《かん》が散乱《さんらん》していた牛舎《ぎゅうしゃ》も、その後、見違《みちが》えるようにきれいになり、結婚当初、23頭だった乳牛が36頭に増え、牛舎を増築しました。

子牛が生まれた時はミルクを飲ませ、1カ月が過《す》ぎるころ、雄《おす》の子牛や肉用の子牛を市場に売りに出します。当初は、その日、涙を流しながら見送っては、感傷《かんしょう》に浸《ひた》るばかりでした。しかし今では、〝少しでも、買い手や消費者の方に喜んでもらえるように〟と、前向きに祈れるようにもなりました。

酪農《らくのう》の全国大会で東北を代表し発表

こうして酪農《らくのう》で得た体験や感動を、2012年、「東北酪農青年婦人会議酪農発表大会」で、わが組合を代表し発表することになりました。

この発表大会は、毎年開催されており、二つある部門のうちの意見や体験を発表する部門で登壇《とうだん》し、思いがけず優勝することができたのです。そして、神戸での全国大会に東北を代表して出場することになりました。

家族はもちろんのこと、地域の人たちが〝全国大会、頑張《がんば》ってください〟と寄《よ》せ書きを贈ってくれました。優勝はできなかったものの、皆《みな》さんが応援してくださったことがうれしく、嫁《とつ》いできた時には想像もつかなかった変化に、信心根本に頑張ってきて良かったと心から思いました。

今、わが家は食の安全・安心を何より心掛《こころが》けて、牛乳生産の一つ一つの作業に丁寧《ていねい》に取り組んでいます。

全農（全国農業協同組合連合会）岩手県本部が行う、毎月2回のとても厳しい乳質検査があります。わが牧場は、3年連続で高い評価をいただき、そのうち2回は「乳質改善大賞農家」として表彰されました。〝乳質改善大賞〟は、県内全《すべ》ての酪農家《らくのうか》が対象で、私の所属する組合でも165軒中、5軒ほどしかいただいていない賞です。二戸市《にのへし》では、わが家だけです。

この検査は、搾乳《さくにゅう》した内容の成分が、乳脂肪分《にゅうしぼうぶん》、乳タンパク質、無脂乳固形分《むしにゅう》、体細胞《たいさいぼう》、細菌《さいきん》などに分類され、それぞれの割合や数が一定の基準を満《み》たすことで、いい品質であると認《みと》められるものです。

特に細菌数《さいきんすう》と体細胞数は、基準を上回れば廃棄《はいき》処分になります。さらに、数値が基準値と照らし合わされ、基準をクリアすればプラス何円となりますが、クリアできないと、マイナス何円あるいは廃棄処分となります。それだけ良質乳を生産することが酪農《らくのう》経営で大切になるのです。

乳牛《にゅうぎゅう》を飼育《しいく》する環境《かんきょう》にも配慮

わが家は、まだ一度も廃棄《はいき》したことはありません。〝乳質改善大賞〟は、1回でも基準値から外《はず》れるといただくことのできない賞であり、この賞をいただいた時には、びっくりするやら、うれしいやら、自分たちの仕事が認《みと》められたのだと感激しました。普段《ふだん》から、主人の仕事ぶりを尊敬してきましたが、この時ほど主人を誇《ほこ》りに思ったことはありません。

今は、毎年、この賞をいただくことが私たちの目標となりました。そのためにも、牛の

ストレスが増えないように、牛舎の環境《かんきょう》に気を使っています。牛が寝起《ねお》きする時は、牛の足が滑《すべ》らないようにマットを敷《し》き、また、おがくずを散らして、落ち着いて休めるようにしています。また、牛舎内を一定の温度に保《たも》つことができるように、壁《かべ》に大きな換《かん》気扇《きせん》を、いくつも取り付け、換気にも気を配っています。

近年は、天候《てんこう》の変化が激しく、それが牛の病気の発生にも関《かか》わる可能性があるので、毎日の牛の管理には気を使います。面倒《めんどう》を見る私たちが心身共《しんしんとも》に元気でなければ、牛の世話を細かいところまですることはできません。唱題《しょうだい》で生命力を旺盛《おうせい》にしておかなければと、いつも自身に言い聞かせています。

理想の国土を築く主体者に

日蓮大聖人は、「浄土《じょうど》と云《い》ひ穢土《えど》と云うも土《ど》に二《ふたつ》の隔《へだて》なし只《ただ》我等《われら》が心《こころ》の善悪《ぜんあく》によると見えたり」（御書384ジペー）と仰《おお》せです。

浄土《じょうど》とは、仏《ほとけ》の住む清らかな国土のことであり、穢土《えど》とは煩悩《ぼんのう》や苦しみに満ちた〝汚《けが》れた国土〟のことです。一見《いっけん》、異《こと》なるように思える二つの国土が、本来は別々のものではないと、この御文は教えています。

自身のいる場所を理想の環境《かんきょう》にできるかどうかは、自身の一念と行動にかかっていると確信します。仏法は、自身が今いる場所を自《みずか》ら変革《へんかく》して、自他共《じたとも》の幸福を築《きず》いていくことを教えているのです。

私は、東京から北東北へ「I《アイ》ターン」（都会出身者が地方に移住すること）しました。その後、二戸《にのへし》市に嫁《とつ》いできてからの12年間、創価学会の同志《どうし》の皆さんに励《はげ》まされ、また地域の人たちや同じ酪農《らくのう》を営《いとな》む仲間との交流を通しながら、多くの方に支《ささ》えられてやってきました。

池田先生は、かつて「21世紀は東北の時代」と言われました。私は、この言葉が大好きです。これからも消費者の方々に喜んでいただけるよう、努力と工夫《くふう》を重ねて良質乳の生産に励んでいく決意です。

COLUMN
コラム

今いる場所で勝利

今いる場所を、わが使命の舞台と決めて、現実の変革《へんかく》に挑《いど》んでいくのが仏法者の生き方です。

法華経《ほけきょう》に「当詣道場《とうけいどうじょう》」と説《と》かれます。法華経を持《たも》った人は道場（覚《さと》りの場所）に至ることができるとの意味です。この経文について、「御義口伝《おんぎくでん》」に次のように示されています。

「法華経を持《たも》ち奉《たてまつ》る処《ところ》を当詣道場《とうけいどうじょう》と云《い》うなり此《ここ》を去って彼《かしこ》に行くには非《あら》ざるなり」（御書781ページ）

私たちが法華経（御本尊）を信受《しんじゅ》して生活しているその場を当詣道場《とうけいどうじょう》というのである。この場所を去って、あちらの別の場所へ行くということではない、との意味です。

さまざまな事情で、今いる所から移り住まざるを得《え》ない場合も、もちろんあります。その場合も、移り住んだ先で、より良い地域を築《きず》いていこうとするのが、信仰者の姿勢だといえるでしょう。

自身が今いる場を大事にし、そこに理想の人間社会を築いていくことが信仰の実践なのです。

痛《いた》みは必ずコントロールできる！

池田哲也（いけだ・てつや）
痛み研究の学術博士
宮崎大学医学部准教授。同学部の神経生物学教室に所属。学術博士。身体の痛み、特に慢性疼痛に注目して研究を進めている。1964年（昭和39年）入会。宮崎太陽圏長。宮崎総県学術部長。

「いたいのいたいのとんでいけー！」。お母さんのその一言《ひとこと》で本当に痛《いた》みが取れた。そんな経験はありませんか。痛みとは痛覚《つうかく》とも表現できるように、人が持つ感覚の一つです。

また、タンスの角《かど》に足の小指をぶつけた時、その瞬間、激痛《げきつう》が走り、呼吸が荒《あら》くなって脂汗《あぶらあせ》が浮かび、なぜか怒《いか》りの気持ちが起こって誰《だれ》かに悪態《あくたい》

をついてしまいます。

このように、痛《いた》みは感覚だけにとどまらず、感情や精神に影響を及《およ》ぼし、不安や恐怖、苦痛を引き起こします。

1979年（昭和54年）に国際疼痛《とうつう》学会で、「痛《いた》みは、実質的または潜在的《せんざいてき》な組織損《そん》傷《しょう》に結びつく、あるいはこのような損傷を表《あらわ》す言葉を使って述べられる不快な感覚・情動《じょうどう》（感情の動き）体験」と定義されました。「疼痛」とは、ずきずきうずくような痛みを意味します。

痛みを伝える感覚神経は、例えば皮膚《ひふ》の表面から脊髄《せきずい》へ、さらに脳へと達し、大《だい》脳皮質《のうひしつ》の感覚野《かんかくや》で初めて痛みが認識されます。ここからさらに、大脳の記憶《きおく》や感情を司《つかさど》る部分に神経が伸びていて、感情が表れます。

危険を伝える警告《けいこく》の役割も

さて、痛《いた》みの「定義」に従って痛みを見ると、大きく三つに分けることができます。

「第1の痛《いた》み」に急性疼痛《きゅうせいとうつう》が挙《あ》げられ、これは実際に体の一部が損傷《そんしょう》して痛みが起こるのですが、傷が治癒《ちゆ》すると痛みもなくなります。こうした痛みは、「正常な痛み」です。異常があるから痛いわけですから「正常な痛み」とは、おかしな言い方ですが、「必要な痛み」と言い換えられるかもしれません。

これは、例えば〝これ以上、動くと損傷《そんしょう》が広がって命に関《かか》わるぞ〟、あるいは〝これ以上、長い時間、お湯に手をつければ、やけどするぞ〟など、危険な状態にあることを伝える警告《けいこく》信号です。

「第2の痛《いた》み」は慢性疼痛《まんせいとうつう》であり、長期間持続《じぞく》する痛みです。

原因がなくなっても、なお持続する「異常な痛《いた》み」です。特に代表的なのは神経《しんけい》因性疼痛《いんせいとうつう》といわれるもので、痛みを伝える神経そのものが障害を受けて過敏《かびん》な状態になります。このような過度《かど》の痛みが長期間持続すると、うつ病等の原因になります。

最後の「第3の痛《いた》み」は心因性《しんいんせい》の疼痛《とうつう》です。これは、痛みを伴《ともな》うような身体的な要因がないのに痛みがある状態であり、心理的な要素が原因になっていると考えられます。

不安や恐怖は悪化させる要因に

神経因性疼痛《とうつう》や心因性《しんいんせい》疼痛は、持続的で病的な痛《いた》みを特徴《とくちょう》としており、精神的苦痛となって社会生活に悪影響を及《およ》ぼします。

また、慢性疼痛《とうつう》は、その痛《いた》みが不安や恐怖を大きくし、それがさらに痛みを持続させるとい

痛みの「定義」

① 急性疼痛《とうつう》
実際に体の一部が損傷して痛みが起こる（正常な痛み）

② 慢性《まんせい》疼痛
長期間持続する痛み。原因がなくなっても、なお持続する「異常な痛み」。うつ病等の原因に

③ 心因性の疼痛
痛みを伴うような身体的な要因がないのに痛みがある状態であり、心理的な要素が原因

う悪循環《あくじゅんかん》に陥《おちい》ってしまいます。

しかし、人は反対に感情によって痛《いた》みを抑制《よくせい》するシステムも持っています。あるときは心が痛みを増幅《ぞうふく》し、あるときは同じ心が痛みを軽減するのです。

ここで、慢性疼痛《とうつう》の軽減につながるのは、前向きな気持ちや、痛みは制御《せいぎょ》できるという考え、また喜びやリラックスのほか、家族や友人との関わり等が挙《あ》げられます。

逆に、不安や諦《あきら》め、抑《よく》うつ感や恐怖、怒り、孤独《こどく》は、痛《いた》みを増幅します。

例えば、〝痛《いた》みをゼロにしなければならない〟といった強迫観念《きょうはくかんねん》や、〝痛みが強くなったらどうしよう〟という不安は、かえって痛みを意識させて、痛みを悪化させます。

むしろ、〝痛《いた》みがあっても生活できるから大丈夫《だいじょうぶ》〟〝体が痛いおかげで健康のありがたさが分かった〟、あるいは〝痛みは必ずコントロールできる〟といった前向きな捉《とら》え方《かた》をする方《ほう》が、痛みの軽減に結びつくと考えられます。近年、この精神面からのアプローチが注目《ちゅうもく》され、「認知《にんち》行動療法」として痛みの治療に取り入れられています。

痛《いた》みの身体的な感覚の側面《そくめん》から精神的な感情の側面に注目されるようになった大きなきっかけは、２００３年に発表された研究でした。それは、精神的な苦痛を受けるだけで、体に痛みを受けた時と同じ脳の部位《ぶい》に反応が見られるというものでした。

脳科学から見れば、感情も脳内の電気信号の伝達として理解される、いわば物理的な現象といえるのかもしれません。しかし、心は感情だけでなく意識や無意識を含《ふく》んだもっと大きな概念《がいねん》であり、その心を物理的な側面だけで捉《とら》えることはできません。

希望あふれる人生の源泉《げんせん》

こうした見方に立つ時、痛《いた》みを通して見た肉体と心の関係は、仏法の説《と》く「色心《しきしん》不二《ふに》」に通じるものです。

　ここで色心不二《しきしんふに》とは、一般的には色法《しきほう》（物質・肉体面の働き）と心法《しんぽう》（心の働き）が別々のものとして捉《とら》えられるのですが、仏法の法理から見れば、両者《りょうしゃ》が生命それ自体においで一体であることをいいます。

　普通、肉体と心が影響し合っていると理解されても、肉体と精神は基本的には分けて考えられます。しかし仏法は、生命の根源的《こんげんてき》なあり方として、色心不二《しきしんふに》と説《と》くのです。

　体と心が影響を及《およ》ぼし合うという観点からすると、頑固《がんこ》な痛《いた》みと付き合っていく上で大切になるのは、先ほども触《ふ》れたように、前向き、積極的な気持ちで生きること、また家族や友人と関わることになるでしょう。

痛《いた》みは、人生の苦しみを形作る大きな要素であることは言うまでもありません。

しかし、生老病死《しょうろうびょうし》をはじめとする人生の苦悩《くのう》を解決するのが仏法です。あらゆる生命と宇宙を貫《つらぬ》く根本法《こんぽんほう》にのっとって生きる時、人はどんな苦悩をも乗り越えられることを、仏法は教えています。

日蓮大聖人は「南無妙法蓮華経は師子吼《ししく》の如《ごと》し・いかなる病《やまい》さは《障》りをなすべきや」（御書１１２４ページ）と仰《おお》せです。百獣《ひゃくじゅう》の王である師子がほえれば、あらゆる獣《けもの》が恐れ、おののきます。南無妙法蓮華経を持《たも》つ人は、この師子と同じように、どんな病《びょう》苦《く》や苦難にも屈《くっ》することなく、乗り越えていくことができるのです。

もちろん、痛《いた》みと上手《じょうず》に付き合う上で、医療の力《ちから》は欠《か》かせません。そのうえで、大聖人の仰《おお》せのように、仏法は希望あふれる前向きな生き方の源泉《げんせん》となります。痛みに苦しめられない生き方を実現する上で、信仰は大きな意義を持つのです。

世界に広がる家族のお付き合い

森下文雄（もりした・ふみお）
貿易会社社長
大阪市内の港湾運送事業を手掛ける会社に入社後、英語を身に付け、仕事で接する海外の人々と信頼関係を築いてきた。港湾運送事業発展への尽力がたたえられ、国土交通省から表彰。退職後、妻の久江さんと貿易会社を営む。１９５４年（昭和29年）入会。大阪・港常勝区副区長。大阪中央総県国際部主任。

６歳で親と一緒《いっしょ》に入会していた私は、１９６６年（昭和41年）に高校を卒業し、高知県から大阪市の港湾運送《こうわんうんそう》事業の会社に就職しました。四方《しほう》を海に囲《かこ》まれたわが国の経済活動にとって、港湾は極《きわ》めて重要な役割を担《にな》っています。港湾運送事業は、港湾に出入りする貨物の運送に携《たずさ》わり、海外からの貨物も、もちろん取り扱います。

入社して数年後のこと。私は突然、アメリカにある世界一のコンテナ会社へ出向《しゅっこう》になりました。当時、時代の最先端《さいせんたん》であったコンテナ船に関《かか》わる仕事は、会話も、目を通す書類も全《すべ》て英語という環境《かんきょう》でした。本当に大変な経験でした。

しかし、その中で仕事を覚えていった3年間の経験は、文化の異《こと》なる人々と理解し合い、信頼を築《きず》く上での貴重《きちょう》な財産となりました。この時、英会話の力《ちから》も身に付けることができました。出向を終え会社に戻ると、英語力を生かせる部署《ぶしょ》へと異動《いどう》になりました。

貨物の積《つ》み卸《おろ》しを指揮・監督

大阪港には日本船も外国船も、多くの船が入・出港し、貨物船は大阪港を寄港地《きこうち》の一つとしながら、今度は次の寄港先を目指します。

貨物船が大阪港に停泊《ていはく》している時間には限《かぎ》りがあります。この限られた時間で、貨物の積み卸《お》《つ》《ろ》しが行われます。

そして、貨物船は、寄港する港それぞれで、卸《おろ》すべき貨物を卸していきます。こうした貨物の情報をあらかじめ確認した上で、寄港先で貨物をスムーズに卸せるように、どういう順番で貨物を積むか、航海士と打ち合わせをして、その一切をコントロールする「スーパーバイザー」の立場で、私は仕事をするようになりました。

出港の時間は厳守《げんしゅ》しなくてはなりません。私が心掛《こころが》けたのは、無事故とともに、円滑《えんかつ》に貨物の積み卸しが進むように、作業現場が心《こころ》一つになり、各自が責任を全《まっと》うできるようにすることでした。

大阪港で継続して一緒《いっしょ》に仕事をするうちに仲良くなった海外の航海士が、乗船する船の停泊中に、わが家に泊《と》まりにきたこともあります。逆に、私と家族を船に招《しょう》待《たい》して、その国の自慢《じまん》の料理でもてなしてくれることもあり、家族ぐるみでお付き合いする友人たちができました。

こうして外国船の船長や航海士らが、〝大阪港に寄港すれば、ミスター・モリシタがいる〟と、私との出会いを楽しみにしてくれるようになったのです。

日蓮大聖人は「他人であっても心から語り合えば、かけがえのない命《いのち》にも替《か》わりうるのである」（御書1132ジペー、通解）と教えられています。当時、鎌倉《かまくら》に住み、激《はげ》しい迫害《はくがい》にさらされていた門下《もんか》へのお手紙の一節《いっせつ》です。他人であっても心が通じ合えば、命懸《いのちが》けで自分を守ってくれることがあるのだから、弟たちを大切に思って接《せっ》していきなさいとの心が込められた仰《おお》せです。

相手に心を開いて大切にしていく姿勢に、仏法者の生き方があります。そして私の場合、文化や言語、立場も違う相手を、まずは思いやって接することによって信頼関係が生まれ、結果的に仕事が円滑《えんかつ》に進んでいきました。誠実で築いた信頼は、私の宝です。

海外の友人の期待に応《こた》え起業《きぎょう》

こうして仕事を通し、海外の仕事仲間と信頼関係を築いてきたことで、会社にも貢《こう》献《けん》することができました。1984年（昭和59年）のことです。経済的環境の悪化によって、勤務先が倒産寸前《とうさんすんぜん》にまで至《いた》りました。

そうした中、大型船舶を運航《うんこう》させるノルウェーの世界的な会社が、私の名前を出して仕事の契約《けいやく》を持ち掛けてきたのです。

しかも、これまでの寄港地を、私の仕事場である大阪港に変更して契約を結びたいというのです。この契約のおかげで会社は業績を回復することができました。

森下さんと妻の久江さん

そして、仕事で築いた世界の友人との関係がより深まっていく中、気が付けば、友人の多くは、それぞれの国で企業のトップやナンバー2の地位に上《のぼ》り詰《つ》めていました。彼らは、私が貿易会社を起こし、私との間に新たなビジネスの関係を築いていきたいと強く期待してくれていました。

友人たちの思いに後押《あとお》しされ、2013年に妻が社長となって貿易会社を発足《ほっそく》しました。私はといえば、勤務先で代表取締役専務、その後、顧問《こもん》まで務めて退職。現在は、妻に代わって私が社長となり、会社は順調に業績を伸ばしています。

釈尊《しゃくそん》「私は万人《ばんにん》の友である」

広布の庭にあっては、1982年(昭和57年)に関西で、英語をはじめ各国語のできるメンバーの人材グループが結成《けっせい》され、英語のヒアリングができる妻と共《とも》に私もその一員になりました。その後、夫婦で国際部員となり、84年(昭和59年)には「第4回世界平和文化祭」(阪神甲子園球場)で、海外から来日したメンバーの出演を役員として裏方《うらかた》で支《ささ》える経験もしました。信心を受け継いだ息子、娘も、それぞれアメリカ、タイで世界広布の前進を願い奔走《ほんそう》しています。

私は、信心をしていない世界の友人だけでなく、SGIメンバーとも友好を広げてきました。友情が大きく広がることで、学ぶことも多くなり、私自身の境涯《きょうがい》も大きくさせていただいたと実感しています。心は一瞬《いっしゅん》にして、国の違いという〝垣根《かきね》〟を超《こ》えていきます。文化や民族の違いを超えて、世界の友人と心を結んでこれたことは、地道ではあっても最も確実な世界平和への貢献であったと確信しています。

「私は万人《ばんにん》の友である。万人の仲間である」。釈尊《しゃくそん》は弟子たちに、こう教えたと伝えられています。事実、釈尊《しゃくそん》は教えを説《と》くにあたって、「友よ……」と、相手に親《した》しく語りかけるのが常《つね》だったといいます。

信心を根本に、常に楽しい会話を心掛け、世界に友情を広げてきたことは、私の誇《ほこ》りです。これからも信頼を積み重ねる努力を怠《おこた》らず、世界各地の人々との〝心の絆《きずな》〟を強めながら、人々に貢献する人生を歩《あゆ》み続けていこうと決意しています。

COLUMN
コラム

徹して人を敬《うやま》う

あらゆる人に尊《とうと》い仏《ほとけ》の生命が具《そな》わることを教えているのが仏法です。ゆえに妙法を持《たも》つ人は、文化や民族の違いを超えて、あらゆる人を尊び、大切にする生き方を貫《つらぬ》いていきます。

日蓮大聖人は、釈尊《しゃくそん》が仏法を説《と》いたその根本の目的は、特別なことではなく、人間としてどう生きるべきかを示すことにあったと教えられています（御書1174ジペー）。

釈尊は過去世《かこせ》、不軽菩薩《ふきょうぼさつ》として、あらゆる人を徹《てっ》して礼拝《らいはい》し、その結果、仏の境涯《きょうがい》を開いたと法華経《ほけきょう》には説《と》かれています。大聖人は、先ほどの仰《おお》せの前段《ぜんだん》で、仏の教えの肝要《かんよう》は、不軽菩薩が人を敬《うやま》い続けた実践にあることを示されています。

人を敬い続けるといっても、現実には容易《ようい》なことではありません。しかし、心を開いて、あらゆる人を尊《とうと》ぶ生き方を貫くことで、友情を広げ、信頼を築《きず》いていくことができます。

良識《りょうしき》ある振《ふ》る舞《ま》いを貫き、人々から信頼される存在となっていくことは、信仰の素晴《すば》らしさの証明ともなるのです。

認《みと》められた感情が〝生きる力《ちから》〟に

山本睦子（やまもと・むつこ）
高齢者看護のエキスパート
看護師として公立病院に勤務し、看護師長を経て定年退職。1959年（昭和34年）入会。支部副婦人部長。白樺会主事（第2総東京総合委員長）。

私は定年で看護師《かんごし》の仕事から退《しりぞ》きました。その看護師人生の後半、高齢者の看護を通し、多くの「いのち」と向き合ってきました。

人は、年を重《かさ》ねると、昔を懐《なつ》かしむことが多くなりますが、さまざまな葛藤《かっとう》に苦しむ場合もあります。Aさんは、入院した時、腸閉塞《ちょうへいそく》のため禁食《きんしょく》となりました。この時、Aさんは禁食を受け入れ

られず、心の葛藤があるように見えました。私は、Aさんの心に寄《よ》り添《そ》いたいと思い、笑顔でAさんの病室を訪《おとず》れました。

Aさんは、自宅で寝《ね》たきりの妻を介護《かいご》していること、自《みずか》らが糖尿病《とうにょうびょう》になった時、生活を見直して完治《かんち》したことなどを一気に話してくれました。

妻を心配する気持ちと、自分の体がままならない悔《くや》しさや焦《あせ》りが感じられました。私は、まず、Aさんがこれまで頑張《がんば》ってこられたことを心からたたえ、「入院したおかげで、生活を見直すことができますね」と話しました。

するとAさんは、「看護師《かんごし》さんは、物事を、いい方向に捉《とら》えることができるんだね」と答えてくれました。信頼関係が成立した瞬間でした。

自身のこれまでの努力が認《みと》められ、肯定《こうてい》されているという感情を持ったことが、Aさんの〝生きる力《ちから》〟につながったのだと思います。その後、Aさんは、人が変わったように治療に専念《せんねん》し退院。

退院後、Aさんから絵手紙が届《とど》きました。それを見て、私は、Aさんが自らの病気と闘《たたか》いながら妻の介護をし、一日一日を大切に生きてこられたことが強く実感されました。

日蓮大聖人は、病気と闘っていた女性門下《もんか》に、「一日でも長く生きていらっしゃれば、それだけ功徳《くどく》も積《つ》もるでしょう。ああ、惜《お》しく、大切な命です」（御書986ページ、通解）と、門下の心に寄り添《そ》われています。

Aさんの可能性を信じ続けて関《かか》わったことで、Aさんが病気を乗り越えていかれたことは、何よりうれしいことでした。Aさんにも、一日でも長く、いい人生を生きてほしいと願っています。

他者との交流が内面を豊かに

また、Bさんは「苦労ばかりしてかわいそうだ。今どうしているかな」と繰《く》り返《かえ》し、誰かを心配するあまり、悲しみが増《ま》していくようでした。

私は、悲愴感《ひそうかん》を取り除いてあげたい一心《いっしん》で、「その人は幸せに暮らしている可能性も、十分あると思いますよ」と言葉をかけました。すると、途端に安心した顔つきになられたのです。それ以来、安心の様子で過《す》ごされました。

内面の変化が起こるのは、看護師《かんごし》の関《かか》わりに限ったことではありません。経験上、いくつになっても、人との交流の中で〝生き方のヒント〟を得《え》、〝生きる力《ちから》〟を湧《わ》きいだすことで、人は、より良く生き、内面の豊かさを維持することができます。

また、高齢で重い病《やまい》を患《わずら》っても、なおその中で自《みずか》ら希望を見いだして命を輝《かがや》かせる姿に、感動することが度々《たびたび》ありました。

Cさんは突然、呼吸困難の状態となり、自《みずか》らの意思《いし》で体を動かすことができなくなって入院。神経の難病であり、回復は難《むずか》しいとの診断でした。

ある日、私は、Cさんの目から一筋《ひとすじ》の涙が流れているのを見て、Cさんは目で意《い》思《し》を伝えられるかもしれないと思いました。

その日から、目で意思《いし》表示をしてもらいながらの〝対話〟が始まりました。不思議ですが、次第にCさんから〝表情〟が感じ取れるようになりました。

そうした中、Cさんが器具を装着《そうちゃく》することで、言葉を発《はっ》することができるようになったのです。私は、「Cさん、今、一番言いたいことは何ですか?」と、発声を促《うなが》しました。私たちが見守る中で、Cさんは「あ、あ、ありがとう」と。

感謝の言葉を表現できたCさんは輝いていました。それは、Cさんが生きてこられた〝感謝の人生〟の輝きだったと思います。

Cさんが創価学会の婦人部員であることは、転院の日に初めて知りました。

足関節《そくかんせつ》の屈伸《くっしん》を心掛《こころが》け転倒《てんとう》を予防

これまで私の立場で、人が高齢期を生き生きと生きるために、生活の上で大切なことは何かを考えてきました。それは、さまざまあ

りますが、一つには転倒《てんとう》しないことが挙《あ》げられます。転倒《てんとう》という一瞬の出来事で、骨折《こっせつ》をしたり頭部を打撲《だぼく》して、寝たきりになることがあるからです。転倒を防《ふせ》ぐには、筋力《きんりょく》を維持し育《そだ》てることが欠《か》かせません。

高齢者の場合、静止状態が続いた後、動き出す時が危険です。気持ちに体がついてこない時に転倒《てんとう》します。毎朝、目覚《めざ》めた時に布団《ふとん》の中で、あるいは、いすに座《すわ》ったままの状態が続いた時にはその場で、足関節《そくかんせつ》（足首）の屈伸《くっしん》を行うことで、転倒を予防する効果が得られます。

手術後など、安静《あんせい》を強《し》いられる時に、何もしなければ筋力は衰《おとろ》える一方です。そうした時、私が患者さんにお願いしたことは、寝たままの状態での足関節の屈伸運動でした。これを一生懸命《いっしょうけんめい》に実施した患者さんは、安静状態が解除《かいじょ》になった時、初めの一歩から、ふらつかずに歩くことができました。

年齢とともに肉体の変化は訪れますが、その中にあっても日常的に筋力を維持し育《そだ》てていくことで、変化に打ち勝ち、若さを保つことができるのです。

いのちこそ最高の財

大聖人は「いのちと申《もう》す物《もの》は一切《いっさい》の財《たから》の中に第一の財なり」(御書1596ページ)と仰《おお》せになり、一個の生命は、全宇宙に敷《し》き詰《つ》めた財宝にもかえられないほど尊《とうと》いと教えられています。大聖人の仏法は、生命の限りない尊さ、人間の偉大さを説《と》き明《あ》かしています。

いくつになっても、尊《とうと》い人生を輝かせていくことができると確信します。そして、自身のみならず、自《みずか》らの関わりで他者《たしゃ》をも輝かせていくことができます。生命の限りない可能性を教える仏法の哲学を持って、患者さんに寄り添《そ》えたことは、私の人生の宝です。人生の師《し》匠《しょう》、先輩《せんぱい》、後輩《こうはい》、また患者さんへの感謝は尽《つ》きません。

私は今、ボランティアで高齢者に関わり、個人的にも高齢者の〝可能性〟について学んでいます。温《あたた》かい励《はげ》ましで、人生の先輩方の安心の笑顔を広げ続けていきたい、そう決意しています。

COLUMN
コラム

病苦《びょうく》に負けない

年齢を重《かさ》ねていけば、免疫力《めんえきりょく》が弱まり、それだけ病気にもかかりやすくなります。実際、病気に直面し、つらく感じることもあるでしょう。しかし、病気になることが、そのまま不幸なのではありません。病苦《びょうく》に負けることが不幸なのです。

日蓮大聖人は「南無妙法蓮華経は師子吼《ししく》の如《ごと》し・いかなる病《やまい》さ《障》はりをなすべきや」（御書１１２４ページ）と仰《おお》せです。仏法では、威厳《いげん》と力《ちから》に満《み》ちた仏の姿を、百獣《ひゃくじゅう》の王である師子に譬《たと》えます。どんなに百獣が吠《ほ》えても、師子の一声《ひとこえ》は全《すべ》てを打ち破ります。この仰せは、どのような病気に直面しても、妙法を持《たも》つ人が病気に苦しめられることはないとの意味です。

信心は、生命を蘇生《そせい》させ、心身の健康に欠《か》かせない生命力を自身の中から引き出す力です。医学の眼《まなこ》から見れば、信仰を持つことが、人間に本来備《そな》わる「自然治癒力《ちゆりょく》」を高め、それが医療の処置と相《あい》まって、病気からの回復の可能性を開くのです。

病苦に決して負けることなく、尊《とうと》い人生を一日でも長く、より良く生きるための拠《よ》り所《どころ》となるのが、信心なのです。

生きること自体に喜び感じる

内科医
平野善憲（ひらの・よしのり）
1968年（昭和43年）、大学生の時に入会。第2秋田総県副総県長。東北副ドクター部長。

私は、名古屋市内の病院に勤務した後、30歳で故郷《こきょう》の秋田県能代市《のしろし》に診療所を開きました。

開業医は、大学病院や総合病院と違い、重篤《じゅうとく》な病気の患者《かんじゃ》を診療するのは、まれです。市内には総合病院もありますが、私の診療所が地域の方々のホームドクター（かかりつけ医）となって、いつでも診察することができるように、私は、約40年

間、年中無休で診察してきました。また、無医地区《むいちく》となった地域の診療所にも出張し、多くのお年寄《としよ》りに喜ばれています。最近では、医院内に病児保育室も開設しました。訪問診療・往診《おうしん》にも出掛け、多忙《たぼう》な毎日です。

地域医療は、患者の多様《たよう》なニーズに、いかに対応していくかが問《と》われると思っています。数多くの患者を診《み》る中で強く感じてきたのは、心の働きが肉体に及《およ》ぼす影響の計《はか》り知《し》れなさです。

日本人の死因の第1位は、今も、がんです。

がんは、がん細胞の増殖《ぞうしょく》によるものです。がん細胞というのは、正常細胞の分裂に関与《かんよ》する遺伝子《いでんし》の一部に突然変異《とつぜんへんい》が起こり、その細胞の分裂に歯止めがかからなくなることで生まれることが知られています。

実は、健康な人の体内でも、日々、三千~四千個ほどのがん細胞が生まれています。しかし、私たちは、そう簡単にはがんにはなりません。

それは、〝殺し屋〟の異名《いみょう》を持つ「NK(ナチュラルキラー)細胞」が、常に体内をパトロールし、がん細胞を見つけると、直接、殺してくれているからです。

がんが「退縮《たいしゅく》」するきっかけ

ＮＫ細胞は、特定の抗原《こうげん》をそれと認識して反応するのではなく、ウイルスに感染《かんせん》した細胞を見つけ出して、細胞ごと殺す働きを持ちます。しかも、正常な細胞を傷つけることはありません。

しかし、ＮＫ細胞の威力《いりょく》は加齢《かれい》とともに減少し、年齢を重《かさ》ねていくと一般的に、がんにかかりやすくなります。そのかかりやすさは、個々人の免疫力《めんえきりょく》の強さにも影響されます。がんが見つかっても必ずしも増殖《ぞうしょく》するとは限りません。反対に「退縮《たいしゅく》」することも、しばしばあります。

では、これは何をきっかけに起こるのでしょう。Ｇ・ブースという心理学者は、次のように記《しる》しています。

がんの自覚を機に患者の内面で劇的《げきてき》な〝転換〟が起こり、患者が、がんへの不安、恐怖を克服《こくふく》。生きがいの発見、生活の是正《ぜせい》とともに、残された生涯をより前向きに行動することが、免疫機能を含《ふく》む生体《せいたい》反応に大きな影響を与え、経過を好転《こうてん》させているようである、と。

病《やまい》を機に、自《みずか》らの生と死を見つめ直して、以前よりも充実した生き方に変わっていく。その前向きな生命が、がんの克服にとってプラスに作用していくというのです。

また、アルツハイマー病についてのアメリカでの調査があります。それによると、65歳以上の高齢者を10年間、追跡《ついせき》調査して、アルツハイマー病に罹患《りかん》した人の割合《わりあい》を調べた結果、生きがいを持って、人に働き掛ける活動を行《おこな》っている人の罹患率が非常に低かったというのです。

心の働きが免疫作用《めんえきさよう》に影響

仏法は「色心不二《しきしんふに》」と説《と》きます。

これは、肉体と精神が分かちがたく結び付いていることを教えています。

「色心」とは「色法《しきほう》」「心法《しんぽう》」を指《さ》し、色法とは、肉体、物質など、感覚器官《きかん》で捉《とら》えられる物質的、顕在的《けんざいてき》なものです。

また、心法《しんぽう》とは、精神、心、性質など、感覚器官では直接、捉《とら》えることのできないものをいいます。

人間は肉体だけの存在ではありません。健康を全体観に立って捉《とら》えようとする時、本当は心の働きを考慮《こうりょ》しないわけにはいかないのです。

心の働きは不思議《ふしぎ》です。

病気に際して、「断じて勝つ！」という信念が人体の免疫系《めんえきけい》の働きを高め、人体全体の有

機的活動に大きく関《かか》わってくると指摘する研究者もいます。

つまり、強い信念を持つことによって、脳が体を治癒《ちゆ》するための処方《しょほう》せんを書くというのです。

御書には「心の不思議《ふしぎ》さをもって、仏教の経典と論《ろん》の説《と》く肝要《かんよう》とする。この不思議なる心を悟《さと》り知った人を、名付《なづ》けて如来《にょらい》という」（564㌻、通解）と示されています。「如来」とは、仏《ほとけ》の意味です。

仏法は、より良い人生を築《きず》いていくために、〝心の不可思議《ふかしぎ》な働き〟に大きく注目しているのです。

一人の信仰者として実感するのは、ここまで述《の》べてきたように、生きがいや人生の目的を持つことが、病苦《びょうく》を乗り越える大きな一助《いちじょ》となるという点です。

「庶民を守りきる医師」がモットー

健康とは、突《つ》き詰《つ》めれば、たとえ病気と闘《たたか》っていても、生きること自体に喜びを感じられることといえるのかもしれません。

そのことを私は、数多く接してきた患者さんから教わってきました。生き生きとした快活《かいかつ》な心で病苦を乗り越え、尊《とうと》い人生を生き抜かれている方が、数多くいらっしゃいました。

私は、開業医である分、人生経験をはじめとする患者さんの〝背景〟をより深く知って、その人の回復のために全人格で関《かか》わってくることができたように思います。

振り返れば、大学3年の時に信心を始め、卒業して5年が経過《けいか》した時、ドクター部の代表として池田先生にお会いする機会がありました。その時、先生は集《つど》った皆《みな》に、「尊き庶民の方々《かたがた》を守ってあげてください」と語られました。

また、開業直前には、再《ふたた》び先生から「『さすが、学会員の病院は違うな』と言われるようになりなさい」との激励《げきれい》を受けることができました。

「庶民を守りきる医師に」をモットーに掲《かか》げ、日々、年中無休で診察《しんさつ》を続けられるのも、こうした師匠《ししょう》の励《はげ》ましの言葉があったからです。

どこまでも〝患者第一〟を貫《つらぬ》き、これからも地域を照らす〝灯台《とうだい》〟として人々に貢献《こうけん》していく決意です。

COLUMN
コラム

日々を生き抜く尊さ

日蓮大聖人の御在世《ございせ》当時、重い症状の病《やまい》に苦しめられていた女性門下《もんか》に、富木尼御前《ときあまごぜん》がいました。

彼女へのお手紙の中で大聖人は、こう仰《おお》せになっています。

「命というものは、この身のなかで一番、貴重《きちょう》な宝です。一日であっても命を延《の》ばすならば、千万両もの莫大《ばくだい》な金にもまさるものです」(御書986ページ、通解)

このお手紙で大聖人は、「法華経《ほけきょう》こそ、あらゆる人の病《やまい》を治《なお》す良薬《りょうやく》である」との法華経の一節《いっせつ》を引用されながら、命の尊《とうと》さについて、繰《く》り返《かえ》し教えられています。

きょう一日を生き抜くことが、いかに尊《とうと》いか。このことを強調することで、富木尼御前《ときあまごぜん》の〝生きる意志《いし》〟を呼《よ》び覚《さ》まそうとされた大聖人の御慈《ごじ》愛《あい》が伝わってきます。

富木尼御前《ときあまごぜん》は、その後、二十数年も寿命を延《の》ばしたと伝えられています。

仏法は、生命を何より尊《とうと》んで、価値ある人生をより有意義にする生き方を教えています。

未経験な私が、農業に目覚めた時

井上芳子（いのうえ・よしこ）
稲作農家
兵庫県加東市の稲作農家。また、連合婦人会の会長を務めるなど、長年にわたり地域のために貢献している。創価学会第21回農漁村ルネサンス体験主張大会では、信仰を根本にコメ作りに取り組む模様を発表し共感を広げている。1960年（昭和35年）入会。兵庫・播磨総県副婦人部長。総兵庫農漁光部女性部長。

私は、兵庫県加東市《かとうし》で、主人と息子とで稲作農家をしています。

加東市《かとうし》は、兵庫県中部に位置し、その南西部は加古川《かこがわ》の河岸段丘《かがんだんきゅう》と沖積《ちゅうせき》平野が形成されています。

市は、酒造好適米《しゅぞうこうてきまい》「山田錦《やまだにしき》」の産地であり、山田錦は日本酒の最高級の原料として全国に出荷《しゅっか》されています。また市は、日本酒での乾杯《かんぱい》を推進することを条例にしています。

わが家は、8・5ヘクタールの耕作面積を有《ゆう》し、山田錦《やまだにしき》を中心に、コシヒカリ、ヒノヒカリ、きぬむすめ（いずれもコメの品種）、さらに小麦などを栽培《さいばい》しています。

私は、今から40数年前、隣《となり》の市《し》から嫁《とつ》いできたのですが、それまで一度も農業に携《たずさ》わったことがありませんでした。主人は当時、運送業の仕事をしており、稲作は義理《ぎり》の母が担《にな》っていました。

当時を思い起こすと、雑草（ヒエ）と稲の区別がつかずに誤《あやま》って雑草を植えてしまったり、雑草を取り除かなくてはいけないところを稲を抜き取ったりするありさまでした。

結婚して3年目、29歳の時に義母から〝田んぼを任《まか》せたい〟と言われました。主人は運送業を続けていましたので、コメ作りは私が担っていかなくてはなりませんでした。当時、まだ十分《じゅうぶん》、コメ作りに慣《な》れておらず、見よう見まねでコメ作りが始まりました。

そんな時に触《ふ》れたのが、池田先生の著作でした。その中に「白米《はくまい》は白米にはあらず・すなはち命《いのち》なり」（御書1597ページ）との日蓮大聖人の仰《おお》せが引用されていたのです。この言葉を目にしたとき、衝撃《しょうげき》を受けました。

この仰《おお》せは、私たちの命を支えてくれるコメは、単なるコメ（食料）ではなく、「命そのもの」であるとの意味です。

当時、大聖人は身延《みのぶ》の山中《さんちゅう》においでになり、食料にも事欠《ことか》く中にありました。こうした中で門下《もんか》が大聖人の生活を案じて、真心込《まごころこ》めて白米一俵《いっぴょう》などを御供養《ごくよう》したことに対する返書《へんしょ》の中の一節です。

有機肥料《ゆうきひりょう》を使い消費者から好評

「食」の尊《とうと》い意義は、大聖人の御在世《ございせ》当時も今も、決して変わることはありません。大聖人も、

この返書の中で、生命というものが限りなく尊いことを述《の》べられ、その生命も「食なければ・いのちたへ《断》ぬ」（御書1596ページ）と仰《おお》せになり、命を支《ささ》える食がどれだけ尊く貴重なものかを強調されています。

こうした農作物の意義を知り、私はそれまでの中途半端《ちゅうとはんぱ》な姿勢を猛省《もうせい》し、精魂込《せいこんこ》めて尊いコメ作りに取り組んでいこうと腹を決めることができたのです。

コメ農家の間《あいだ》では、〝コメ作りは土作りから〟といわれます。私も、このことを肌《はだ》身《み》で実感してきました。

過去、日照《ひで》りが続き、降雨量《こううりょう》が少ない年がありました。この時、周囲の田んぼは乾燥《かんそう》しすぎて、地面にひび割れが入り、稲が枯《か》れていきました。しかし、不思議《ふしぎ》にもわが家では、稲は枯れなかったのです。

実は、わが家は、近くの酪農家《らくのうか》と契約《けいやく》し、うちから出る稲のわらと酪農家から出る牛ふんを交換していました。わらは家畜《かちく》の飼料《しりょう》になり、一方、牛ふんは酪農家にお願いして、わが家の田んぼにまいてもらい、肥料《ひりょう》にしてきたのです。こうしたことが、気象条件の変化に強い土を作り、干《かん》ばつにも強い稲の生育《せいいく》につながったのだと思います。

そして、農協から助言《じょげん》をもらいながら土壌《どじょう》改良に取り組むことで、それまでにも増して、コメにハリやつやが見られるようになりました。

さらに、有機肥料を採《と》り入《い》れることで、より良質の米が生産できるようになったのです。

わが家は、コメを多少《たしょう》、小売りしていますが、消費者からもコメが甘くておいしいと好評をいただいています。

結果が出るまで挑戦を続ける

心に刻《きざ》む御文の一つが、「火をきるに・やすみ《休》ぬれば火をえず」（御書1118ジペー）です。

鎌倉《かまくら》時代、火を起こすには道具を使い、摩擦熱《まさつねつ》を利用していました。この御文は、火を起こす作業を途中で休《やす》んでしまっては、火を起こすことができない道理を教えています。目標を掲《かか》げて行動を起こした以上、最後まで続けなければ成果を得ることはできないのです。

また、これまで心掛《こころが》けてきたのは、いかにして安心で安全なコメを生産するかという点です。農薬は、できるだけ少量で済《す》ますに越したことはありません。しかし、少なくし過《す》ぎると、今度は害虫《がいちゅう》の被害が大きくなり、その結果、品質や収穫量《しゅうかくりょう》にも影響が出ます。品質や収穫量がベストになるように、農薬の量を適正、適切にコントロールすることも、安心・安全なコメを生産する上で不可欠《ふかけつ》なのです。

この農薬の散布《さんぷ》でも省力化《しょうりょくか》に努め、無線操縦《むせんそうじゅう》ヘリコプターで散布してもらっています。

「黄金《おうごん》の実《みの》りの開拓者たれ」

今、農家の後継者不足が国全体の大きな課題になっています。

しかし、結婚するまで全《まった》く農業の経験のなかった私でも、農業をやろうと腹を決め、さまざまな方の力《ちから》を借りながら、さらに機械の力も得てコメ作りに励《はげ》んでくることができました。

私は自身の経験から、誰であれ、農業に携《たずさ》わる目的観と決意を持てば、苦労はあると思いますが、農業を営むことは可能だと思っています。

私は長年のコメ作りを通して、大地と共《とも》に生きる尊《とうと》さや、生産者として人々の生命を支《ささ》える誇《ほこ》りを強く実感しています。農業に生きがいを見いだす人が一人でも増えてほしいと願っています。

水田は、コメを作るだけではありません。近年、田んぼの雨水《あまみず》を蓄《たくわ》える働きが注目《ちゅうもく》されています。豪雨《ごうう》の時など、田んぼが一定量の

雨水を蓄えられることから、これが水害を防《ふせ》ぐ一助になると考えられているのです。この点からも、耕作の放棄《ほうき》された田が少しでも減《へ》ることが望《のぞ》ましいと考えられています。

池田先生の農漁光部への励ましの言葉に、「何があっても負けない黄金《おうごん》の実《みの》りの開拓者たれ」とあります。この言葉を心に刻《きざ》んで、人々の喜びにつながるコメの生産に、ますますの工夫《くふう》と意欲で挑戦していきます。

COLUMN
コラム

信心即生活

日蓮大聖人の仏法では、信仰と仕事、生活とを切り離されたものとしては捉《とら》えません。

大聖人は「天晴《てんは》れぬれば地明《ちあきら》かなり法華《ほっけ》を識《し》る者は世法《せほう》を得可《うべ》きか」(御書254ジペー)と仰《おお》せです。

天が晴れれば地上は明らかとなる。法華経《ほけきょう》を理解するものは、世間の道理をも知るのである、との意味です。

第2代会長・戸田城聖《じょうせい》先生は、この御文を拝して、「御本尊を受持《じゅじ》したものは、自分の生活を、どう改善し、自分の商売を、どう発展させたら良いかが、わかるべきだとの仰《おお》せである」と言われています。

仏法をより深く会得《えとく》していけば、世間《せけん》の道理にも通じていくことができます。また、仏法者は、世間の道理を深く知って、仕事や生活の場で勝利できるよう努《つと》めなくてはならないのです。信仰の素晴《すば》らしさは、職場や家庭などの生活の場で示されていくからです。

創価学会は「信心即《そく》生活」を掲げています。具体的には、仕事や生活を自《みずか》らの信心の表れであると捉《とら》えて、仕事、生活の場で勝利し信頼を広げていく生き方を教えているのです。

「ふわふわ言葉」で優《やさ》しさ広げる

吉田孔一（よしだ・こういち）
教育者
小学校校長。1958年（昭和33年）入会。東京・町田総区南王者区副壮年部長。副本部長。第2総東京教育部長。

今まで多くの子どもたちとの出会いがありましたが、教師としていつも子どもの持っている力《ちから》、無限の可能性を痛感《つうかん》させられる日々です。

初めて小学校の教壇《きょうだん》に立ち、代替《だいたい》教員として担任をした時です。話す能力はあっても、特定の場面で発言や会話ができなくなるA君と出会いました。次第に教室で症状《しょうじょう》が出始めました。家庭との

連携《れんけい》は難《むずか》しく、代替教員の自分にはどうしようもないのではと、限界を感じるようになっていました。

そんな時、教育部の先輩《せんぱい》から「その子にとって、今、先生はあなた一人ですよ。教師こそ最大の教育環境《かんきょう》ではありませんか」と励《はげ》まされました。

それ以来、A君が元気に登校し、適切な対応ができるようにと、保護者に粘《ねば》り強《づよ》く連絡を取り、管理職や関係機関にもお願いをして、学校全体での対応が始まりました。そして、気が付けば、クラスの子どもたち、保護者も皆、A君を応援するようになっていました。

その後、私は異動《いどう》で他校に移りましたが、後日、A君が母親と一緒《いっしょ》に私の家まで訪《たず》ねて来てくれました。A君が少しずつ元気に登校できるようになってきたこと、新年度になり私がいないことを残念に思ってくれたことを聞き、A君は、私や友達の思いをしっかり受け止めてくれていたと、胸がいっぱいになりました。

日蓮大聖人は「鏡《かがみ》に向《むか》って礼拝《らいはい》を成《な》す時《とき》浮《うか》べる影《かげ》又我《またわれ》を礼拝するなり」（御書76

9ページ）と仰《おお》せになっています。

鏡《かがみ》に礼拝をする時、鏡に映《うつ》っている姿もまた、自身を礼拝するという道理が述べられています。

目の前の子どもはそのまま、子どもと向き合う教師自身の生命を鏡《かがみ》のように映《うつ》し出《だ》しています。

子どもの可能性を信じて、慈愛《じあい》の心で関《かか》わり続けていけば、必ず子どもはそれに応《こた》え、大きく可能性を開いていくと確信します。

池田先生は、「自分のことを見捨《みす》てず、信じ抜《ぬ》いてくれる先生がいる——そう思えることが、子どもたちにとって、どれほど生きる勇気となり、伸《の》びゆく力《ちから》となるか、計《はか》り知《し》れません」と述べています。

温《あたた》かい言葉を使う取り組み

子どもたちと接する中で、言葉の大切さを強く感じさせられることが多くありました。

子どもは大人からの言葉を、大人が思っている以上に敏感《びんかん》に受け止めています。

人に言われてうれしくなる「ふわふわ言葉」と、その反対に、言われて心が痛《いた》くなる「ちくちく言葉」。学級でも、このことを取り上げる場合があります。皆で温《あたた》かい言葉を使う取り組みを続けた学級で、驚《おどろ》くほど、優《やさ》しく思いやりのある友人関係が広がったという例をいくつも見てきました。

純粋《じゅんすい》な子どもの心には、言葉に込められた思いがしっかり伝わっていくと感じます。

大聖人は「言《ことば》と云《い》うは心《こころ》の思いを響《ひび》かして声《こえ》を顕《あらわ》すを云《い》うなり」（御書563ページ）と教えられています。

人に言われてうれしくなる
「ふわふわ言葉」
言われて心が痛くなる
「ちくちく言葉」

同じことを言っていても、言う側《がわ》の心の深さで言葉の力《ちから》は違ってきます。大聖人が仰《おお》せのように、心の思いを声に表したものが言葉なのです。

真剣に心を込めて励ましの言葉を送っていきたいものです。心の思いを声として響《ひび》かせていく慈愛《じあい》の励ましが、子どもを大きく成長させていきます。

良さを見つけ自信を与える

また、子どもの良い点を見つけ出し伸ばしていく取り組みも大切です。

具体的には、短所であっても、プラスの意味の言葉に置《お》き換《か》えたり、どんなことでも、良さを見つけてほめていく取り組みです。

落ち着きがないといわれる子は、見方を変

えれば、行動力があり、活発《かっぱつ》だということです。気が弱いといわれる子は、優《やさ》しさがあり、相手のことを優先して考えられる子だったりします。

大人の側に求められるのは、子どもをありのまま見つめ、その良さを見つけ出すことといえます。子どもを伸ばしていくために、大人が成長していくことが求められるのです。

大人の思いが、どうすれば子どもに伝わるのかと感じることもあります。そうした時、粘《ねば》り強く、何回も言葉にして伝えていくことで、大人の思いは子どもの心に必ず残っていくと実感します。

強い支えがあれば強風にも倒れない

大聖人は「木《き》をうえ候《そうろう》には大風《おおかぜ》吹《ふ》き候《そうら》へども つよ《強》きすけ《扶介》をかひぬれば・たうれず」（御書1468ページ）と仰《おお》せです。

木を植える場合、強い支柱《しちゅう》があれば大風が吹いても倒れることはありません。

子どもが大きく成長するためにも、しっかりした多くの支《ささ》えが大切になります。

昔は身近《みぢか》な人たちが子育ての応援をしてくれました。親戚《しんせき》付《づ》き合いがあったり、また、ご近所といった地域のつながりが強かったからです。

現代は子育てを取り巻く環境《かんきょう》も大きく変化し、人間関係が希薄《きはく》な子どもが増えています。学校教育においても、地域の教育力《きょういくりょく》をお借りして、子どもをいかに多くの人と関わらせていくかを考える時代ともいえます。人間関係が豊かなほど、子どもは大きく成長していけるからです。

私は子育てに悩《なや》む保護者の方には、タテ、ヨコ以外の「ナナメの関係」が力を発揮《はっき》することをお伝えしてい

「ナナメの関係」が必要

① 親、家族、教師との関係というのは、タテやヨコの関係

② 地域のお兄さん、お姉さん、さらにその上の世代の方々との「ナナメの関係」が大切

ます。親、家族、教師との関係というのは、タテやヨコの関係です。これに対して、地域のお兄さん、お姉さん、さらにその上の世代の方々《かたがた》とのナナメの関係を積極的に生かしていくことが、子どものプラスになります。

教育者であった初代会長・牧口常三郎《まきぐちつねさぶろう》先生は、その著作の中で、教育は、何ものにも替《か》え難《がた》い生命という「無上宝珠《むじょうほうじゅ》」を対象とするものであると述べています。子どもたちの生命こそ、宝です。

子どもを一人の人格として敬《うやま》う心で接していく時、子どもの可能性は大きく開かれていきます。

子どもたちの生命を輝《かがや》かせていく教育者を目指し、これからも自身の生命を磨《みが》き続けていきたいと思います。また、第2総東京の各地で続々《ぞくぞく》と誕生している青年教育者を育て、「教育の世紀」を築《きず》いていく決意です。

COLUMN
コラム

無上宝珠《むじょうほうじゅ》

未来に伸《の》びゆく子どもたちこそ、尊《とうと》い宝です。法華経《ほけきょう》には「宝聚《ほうじゅ》」との言葉があります。「宝聚」は「宝珠《ほうじゅ》」とも書きます。

法華経《ほけきょう》以外の経典では、二乗《にじょう》（声聞《しょうもん》・縁覚界《えんがくかい》の衆生《しゅじょう》）は成仏《じょうぶつ》できないとされました。これに対し法華経では、二乗を含めてあらゆる衆生が成仏できると説《と》かれました。

数々《かずかず》の衆生が集《つど》う法華経の説法の会座《えざ》で、声聞《しょうもん》の代表が、こうした釈尊《しゃくそん》の説法を理解し、無上《むじょう》の宝を得た喜びを次のように述《の》べます。

――仏《ほとけ》は、声聞《しょうもん》の衆生が成仏《じょうぶつ》すると説《と》かれた。「無上《むじょう》の宝聚《ほうじゅ》は　求めざるに自《おの》ずから得《え》たり」（法華経224ページ）と。

「求めざるに自《おの》ずから得《え》たり」は、経文には「不求自得《ふぐじとく》」と記《しる》されます。これは「御義口伝《おんぎくでん》」では、「求めざるにほしいままに得たり」（御書787ページ）と読み下《くだ》されています。

無上《むじょう》の宝珠《ほうじゅ》は、もともと私たちの生命にあり、生命それ自体が尊《とうと》い妙法そのものなのです。無上の宝珠は、大聖人の仏法では、万人《ばんにん》の成仏《じょうぶつ》を可能とする南無妙法蓮華経の大法《だいほう》にあたります。仏法は、あらゆる人の生命の限りない尊さを教えているのです。

衣服とともに快適に過ごしたい

光松佐和子（みつまつ・さわこ）
衣服環境学の専門家
名古屋経済大学短期大学部保育科教授。専門は衣服環境学。家政学修士。1971年（昭和46年）入会。婦人部副本部長。中部副学術部長。

人は生まれてから死ぬまで何らかの衣服を身に着けています。

生まれたばかりの赤ちゃんは、母親の胎内《たいない》から外界《がいかい》に出ると、まず産湯《うぶゆ》できれいに全身を洗い流された後、初めての衣服となる産着《うぶぎ》を着せてもらいます。

また、人は、その生涯を閉《と》じると棺《ひつぎ》に入れられ

ますが、この時にも白装束《しろしょうぞく》を着用することが一般的です。人生のほとんどの時間、衣服を着用して過《す》ごすことになるのです。

日蓮大聖人は「ころも《衣》は・さむさ《寒》をふせぎ《防》・あつさ《熱》をさえ《支》・はぢ《恥》をかくす」（御書1302ページ）と仰《おお》せになっています。衣服は常に私たちと共《とも》にあるものなのです。

衣服が、人と切っても切り離せないものである以上、衣服を身に着けている時の過ごしやすさは、衣服を考える際の大切な観点です。

〝着心地《きごこち》の良い衣服になるかどうか〟には、どのような要因が影響するのでしょうか。

例えば、衣服の素材（綿なのか、ポリエステルなのか）、デザイン（ルーズなものか、フィットするものか）、あるいは着用の仕方《しかた》（分厚《ぶあつ》いものを1枚着るか、重《かさ》ね着するか）は、私たちの体温の変化や汗のかき方に影響を与えることが分かっています。

一例として衣服の素材でいうと、綿や絹などの天然繊維《せんい》（もともと自然界に存在しているもの）は、汗をよく吸収する性質を持っています。これに対し、化学繊維（人工的《じんこうてき》に作られた繊維）であるポリエステルは水分を吸収しないので、下着としてはあまりふさわしくありません。

子育てを通し、子ども服に着目《ちゃくもく》

また最近、流行のルーズなデザインは、人体と衣服の間に隙間《すきま》ができ、空気が通りやすく保温性は高くありません。よって、同じ素材であれば、体にフィットしているデザインの方が温《あたた》かく過ごせます。

寒くなる時季は、重ね着することで保温効果が高まります。それは重ね着で、衣服と衣服の間に空気の層《そう》が形成されるからです。空気は熱を通しにくいので、空気を逃《のが》さないように衣服を何枚か重ねて着用すると、保温効果が高まります。

私は、2年制の短期大学部に勤務しながら、家庭を持ち、子育てをしています。産後《さんご》は短い休暇《きゅうか》を取っただけで仕事に復帰《ふっき》したため、特に子どもたちが幼《おさな》かった頃《ころ》は、仕事を続ける上でたくさんの苦労がありました。

その中で関心《かんしん》を持ったのが、子ども服でした。いくつかの保育所や幼稚園《ようちえん》に出向き、子どもたちの着衣《ちゃくい》状態を調査してみると、衣服の重量《じゅうりょう》が、大人でも重いと感じる千グラムを超《こ》えている子どもや、何枚も重ね着していて冬でも汗だくになっている子どもがいました。

子どもは大人よりも産熱量《さんねつりょう》が大きいため体温が高く、しかも活発《かっぱつ》に体を動かすので、大人より1枚少なめでよいのです。また、体に比べて大きなサイズの服を着ている子どもも見られました。

一般の人にも読みやすい本に

私は、こうした状況を知り、成長期にある子どもたちに、軽くて動きやすく、サイズの合う着心地の良い衣服を着用してほしいと思いました。

そこで、自《みずか》ら調査した結果を、「乳幼児《にゅうようじ》の着衣調査」として論文にまとめ、発表。この論文を保育園長や幼稚園長に届《とど》け、子どもに最適な衣服についての提案を行いました。

この研究がきっかけとなり、衣服が私たちの生活にとって必要不可欠《ふかけつ》であることを再確認し、人々の生活を向上させるお手伝いができればと考えるようになったのです。そして、大学時代の先輩《せんぱい》から声を掛《か》けられて、教科書を共同執筆することになりました。

「食生活」「住生活」に加えて「衣《い》生活」という言葉があります。衣生活は、生活の中で着るものや着ることに関《かか》わる事柄《ことがら》をいいます。

これまでに出版されてきた「衣生活論」の教科書は、衣服材料（衣服の素材）、整理（染色《せんしょく》、洗濯《せんたく》や保管）、衛生《えいせい》（衣服着用時の体温や発汗量）など、研究者の視点が中心であり、専門分野の

領域ごとに書かれているものがほとんどでした。

そこで、執筆陣《しっぴつじん》である私たちは、これまでとは視点《してん》を変えて、消費者の立場に立ち、衣服を着用する一般の人が理解しやすい本にしようと考えました。

衣服について、「選ぶ」「着る」「手入れする」といった時系列《じけいれつ》で書き表し、これまで衣服に関心のなかった方も興味《きょうみ》を持って読み進められるよう工夫《くふう》しました。そして『消費者の視点からの衣生活概論《がいろん》』という教科書を出版したのです。これは、衣服に携《たずさ》わる専門家だけでなく、一般の方や福祉《ふくし》・介護《かいご》の関係者にも読みやすい内容となっていて、多くの方から好評を得ています。

報恩《ほうおん》の心で仕事に励む

振り返ると、人生の半分以上を大学の教員として過ごしてきました。その間、勤務先の大学の名称変更や大学組織の改編《かいへん》などがありました。

その中で、私が一貫《いっかん》して大切にしてきたことは、学生の幸福に貢献《こうけん》することでした。

分かりやすく双方向《そうほうこう》になるような授業を心掛《こころが》け、また一人一人の学生としっかり向き合いながら、悩《なや》んでいれば親身《しんみ》になって相談に乗るようにしてきました。在学中はもちろん、卒業してからも学生たちとつながり、一人一人の幸せを祈り続けています。

私は両親のおかげで高等教育を受ける機会に恵《めぐ》まれ、現在の仕事に就《つ》いています。その恩に報《むく》い、恩返しをする思いで仕事に励《はげ》んでいます。

父母に限らず、あらゆる人に恩があると、仏法では捉《とら》えます。

そして仏法は、恩を知り、恩に報いていくという人間としての正しい生き方を教えています。

大聖人は、「(聖人は)恩を知ることを最高とし、恩に報じていくことを第一としてきた」「恩を知る者を人倫《じんりん》(人の道にかなった人間)と名付ける」(御書491ジペー、趣旨)と示されています。

研究者として、また教育者として、これからも〝一人一人のために〟との思いで、人々に貢献する人生を歩み続けたいと決意しています。

大自然の変化に立ち向かう

並川紀雄（なみかわ・のりお）
ワカメ養殖業

鳴門ワカメの養殖・販売を手掛けてきた。地域では、地元小学校のＰＴＡ副会長を務めた時、地域を盛り上げる祭典を企画。これまで、いくつもの地域の役職を担い、郷土の発展に尽力している。１９６０年（昭和35年）入会。鳴門圏副圏長。徳島総県漁光部長。

私は、渦潮《うずしお》で有名な徳島・鳴門《なると》で「鳴門ワカメ」の養殖《ようしょく》を手掛けています。ワカメは、その栄養価から「海のサラダ」といわれます。中でも、鳴門で採《と》れるワカメは全国的に有名です。ワカメの生産量は、岩手県、宮城県に次いで徳島県が全国第３位です。

淡路島《あわじしま》と徳島県の間に広がるのが、鳴門海峡《なるとかいきょう》です。鳴門海峡のすぐ西には、島を挟《はさ》んで小鳴門海峡があり、わが家は、この小鳴門海峡に面した地域にあります。

鳴門海峡も小鳴門海峡も、瀬戸内海と太平洋の潮《しお》の流れがぶつかり、潮の速い流れが特徴《とくちょう》です。こうした潮の流れの速さと、北風によっておこる波にもまれてコシのある鳴門ワカメが育ちます。

私は、もともと山口県下関市の出身です。ワカメの養殖を始めるまで、漁業の経験は全《まった》くありませんでした。妻の実家が鳴門市にあり、義理の母が病気を患《わずら》ったことがきっかけで、大阪から移り住みました。当時、すでに入会していました。ちょうど義父《ぎふ》が漁師《りょうし》だったこともあり、また鳴門がワカメの養殖で全国的に有名であることを知り、ワカメ養殖のことは何一つ知りませんでしたが、この仕事に飛び込みました。40数年前です。仕事を始めて、本当に苦労は多かったですが、義父や地域の漁師の力《ちから》を借りながら、何とかワカメの養殖を軌道《きどう》に乗せることができました。

ワカメの養殖は、それぞれの養殖家が、30メートル、200メートル四方《しほう》の広さのところに養殖いかだを設置します。そして、ワカメの「種《たね》」を付けたロープを、養殖いかだから海中に下ろすのです。

おいしいワカメの決め手は、「種《たね》」にあります。この種とは、小さな芽《め》のことです。鳴門ワカメの種作りは、春に始まり、夏の間、陸上の水槽《すいそう》で管理された種苗《しゅびょう》が、秋には小さな芽になります。この芽を種として、11月に種付けをして、翌年1月から2月にかけて収穫《しゅうかく》します。

収穫《しゅうかく》するまで気を抜かない

ワカメの生育期間は、一般的な農作物と比《くら》べると短いかもしれません。しかし、種付けから生育までの期間、当然ですが気を抜《ぬ》くことはできません。日々の天候や水温によって、ワカメの生育が左右《さゆう》されるからです。ワカメが、育つ途中で傷《いた》むこともあれば、魚に食べられてしまうこともあります。

また、種《たね》の品質とともに、種付けのタイミングも収穫《しゅうかく》を左右します。11月に入り、早々《そうそう》に種付けをした結果、かえって魚に食べられてしまったこともあります。種付けの時期を見極《みきわ》めるのは、長年の経験を積んでも、毎年、緊張感《きんちょうかん》があります。

ワカメの養殖も、農作物と同じで収穫するまでが勝負です。

私が心に刻《きざ》む御文の一つが、「火をきるに・やすみ《休》ぬれば火をえず」（御書1118ページ）です。鎌倉《かまくら》時代、火を起こすのに、木製《もくせい》の道具を使って、摩擦熱《まさつねつ》を利用していました。

日蓮大聖人は、火を起こす作業を途中で休《やす》んでしまっては、火を得《え》ることができないという道理を通して、最後までやり抜く大切さを教えられているのです。

全国各地に顧客《こきゃく》が誕生

養殖を始めて5年後、育てたワカメが売れ始めました。〝柔《やわ》らかいのに、コシがしっかりしている〟〝磯《いそ》の香《かお》りと甘みが口の中に広がる〟――こうした評判が口コミで広がったからです。

そして、売れ行きは順調に伸び、全国各地に約千の顧客《こきゃく》数を誇《ほこ》るまでになりました。

しかし、自然を相手にする仕事の性格上、去年が好調だったから今年も同じようにうまくいくとは限りません。

しかも近年は、地球温暖化《おんだんか》の影響からか、平年より水温が高く、そのためワカメの生育が悪くなり、地元の収穫量も減少しています。

県立農林水産総合技術支援センターが、こうした事態《じたい》に対処《たいしょ》するため、新品種の開発に乗り出し、わが家も地域の代表として共《とも》に新

品種の開発に取り組むことになりました。２０１０年のことです。

これまで例えば、鳴門ワカメと鹿児島産ワカメとの掛《か》け合《あ》わせの種《たね》を試《ため》しました。その結果、これまでの鳴門ワカメと比べて、味もコシも変わらないワカメを収《しゅう》穫《かく》することができました。しかし、ワカメに多くのしわが入ってしまったのです。これでは見た目が、よくありません。さらなる品種改良が必要になりました。

今度は、徳島県南部の太平洋沿岸で採《と》れるワカメと、鳴門ワカメの〝わせ〟とを掛け合わせた新種《しんしゅ》を試しました。ワカメも、成長するまでに要する時間によって、わせ、おくてがあります。

研究と工夫《くふう》を重ね勝利の実証《じっしょう》

この新種は、従来の品種と比べて、味や品質は変わらず、しかも食べられる部分が、これまでの品種に比べて多く、その結果、収穫量《しゅうかくりょう》がこれまでより多くなるというものです。

さらに、新種は成長が早いのも特徴《とくちょう》です。鳴門ワカメは、1月中旬から収穫期《しゅうかくき》に入りますが、新種は成長が早く、すでに1月初旬でも収穫できるだけの大きさに育《そだ》ちます。鳴門ワカメが品薄《しなうす》になる時期にあっても、この新種は、顧客《こきゃく》の需要《じゅよう》に応《こた》えられるというメリットがあるのです。

昨年、完成したこの新種を、わが家では今年から売り始めています。新種は、これまでの取引先《とりひきさき》からも好評です。

大聖人は「天《てん》晴《は》れぬれば地《ち》明《あきら》かなり法華《ほっけ》を識《し》る者《もの》は世法《せほう》を得可《うべ》きか」（御書254ページ）と仰《おお》せです。

天が晴《は》れれば地上は明《あき》らかとなる。法華経《ほけきょう》を理解するものは、世間《せけん》の道理をも知るのであるとの意味です。

信心は智慧《ちえ》と勇気の源泉《げんせん》となり、生活や仕事の向上《こうじょう》へと結《むす》び付《つ》くものなのです。

すなわち、妙法を持《たも》つ人は、例えば仕事においても、人一倍《ひといちばい》、努力を続け、研究・工夫《くふう》を重ねて、勝利の実証《じっしょう》を示していくことができます。こうした挑戦のためのよりどころとなるのが、信心の素晴《すば》らしさです。

取引先から聞くのですが、わが家のワカメは海外でも評判であり、〝並川さんには、これからも生産・販売を続けてほしい〟と言われるそうです。こうした消費者の期待に応《こた》え続けられるよう、信心根本に、ますますおいしいワカメの養殖に励《はげ》んでいきます。

COLUMN
コラム

わが郷土《きょうど》の繁栄を

日蓮大聖人は「其《そ》の国《くに》の仏法は貴辺《きへん》にまかせ《任》たてまつり候《そうろう》ぞ」（御書1467ページ）と仰《おお》せです。門下《もんか》に対し、あなたのおられる地域の広宣流布は、あなたにお任せしますと、地域広布の使命を託された仰せです。

信心の目的は、自他共《じたとも》の幸福の実現にあります。ゆえに、私たち信仰者は、わが地域の発展と繁栄《はんえい》を心から願って行動しています。

特に農漁村など、地域で同業《どうぎょう》の仕事を営《いとな》む人々が多い場所で、信心を根本に奮闘《ふんとう》する創価学会員の姿は、必ず周囲に触発《しょくはつ》と信頼を広げ、地域のさらなる発展へとつながるものです。

大聖人の仏法は、人生や生活から、かけ離れたものでは決してありません。仏法は、仕事に励《はげ》み、また生活をより良くしていくための原動力となるものだからです。仏法は、自身とわが家の幸福の源泉《げんせん》となるだけでなく、わが郷土《きょうど》の発展と繁栄を実現しゆくよりどころともなるのです。

〝健康寿命〟を延《の》ばすには

高齢化が急速に進む中、脳血管障害《のうけっかんしょうがい》や認知症《にんちしょう》など、神経内科領域の疾患《しっかん》が、よく見られるようになってきました。

私たちの日々の動作は全《すべ》て、脳、脊髄《せきずい》、神経等がしっかりしていないと、普段《ふだん》のようにはできなくなります。患者さんから、こうした身体の不調やしびれなどの訴《うった》えを聞いて、神経学を踏《ふ》まえた

伊佐文子（いさ・ふみこ）
神経内科医
神経内科専門医。医学博士。神戸大学医学部付属病院、東京都立神経病院、都立北療育医療センターに勤務した後、内科クリニックを開院。1967年（昭和42年）入会。婦人部副本部長。東京女性ドクター部長、北総区ドクター部長。

診察をして、疾患《しっかん》を特定するのが神経内科です。

神経疾患《しっかん》の中で生活習慣病といえば、脳血管障害《のうけっかんしょうがい》が第一に挙《あ》げられます。その危険因子《いんし》となるのは、高血圧、糖尿病《とうにょうびょう》、脂質《ししつ》異常症《いじょうしょう》、心疾患《しんしっかん》、肥満《ひまん》、多血《たけつ》症《しょう》、喫煙《きつえん》、飲酒などです。

私は多数の脳血管障害《のうけっかんしょうがい》の患者さんと接してきましたが、これらの危険因子《いんし》を多く持てば持つほど、脳血管障害が起こりやすくなります。

よい生活習慣

① 喫煙をしない
② 飲酒をほどほどにする
③ 毎日朝食を食べる
④ 適度の睡眠をとる
⑤ 適度に労働する
⑥ 週1回以上の運動をする
⑦ 栄養を考えた食事をとる
⑧ 自覚的ストレスを少なくする
⑨ 塩分を控えめにする
⑩ 規則的な生活を送る
⑪ 趣味を持つ

よい生活習慣は、喫煙をしない、飲酒をほどほどにする、毎日朝食を食べる、適《てき》度《ど》の睡眠《すいみん》をとる、適度に労働する、週1回以上の運動をする、栄養を考えた食事をとる、自覚的ストレスを少なくする、塩分を控《ひか》えめにする、規則的な生活を送る、趣味を持つなどです。

こうした生活習慣を心掛《こころが》け、脳血管障害《のうけっかんしょうがい》の危険因子《いんし》を一つ一つ減らすことが予防になります。

心と体とは密接《みっせつ》に関係

病気全般に通ずることですが、一例として脳血管障害《のうけっかんしょうがい》が起こった場合、人間は強いストレスを受けます。人間は、強いストレスを受けると、その反応で体内の血流《けつりゅう》が通常の3倍にも急増《きゅうぞう》し、高血圧などの異変《いへん》を起こすとされます。しかし、これでは悪循環《あくじゅんかん》となり、病状を悪化させかねません。心と体は、やはり密接《みっせつ》に関係しているのです。

日蓮大聖人は、病気を患《わずら》う女性門下に、どうして病《やまい》が癒《い》えず、寿命が延《の》びないことがあろうかと強い思いをもって、御身《おんみ》を大切にし、心の中であれこれ嘆《なげ》かないことですと励《はげ》まされています（御書975ページ）。

病状《びょうじょう》は病状として正確に知る必要があります。しかし、この仰《おお》せからも明らかなように、決して嘆《なげ》いたり悲観したりせず、病気を前向きに捉《とら》えていくことも、病《やまい》と闘う上で大切なことです。

ここで、心と体の相互作用《そうごさよう》の悪循環《あくじゅんかん》を断《た》ち切《き》る人体《じんたい》のメカニズムとして、「リラックス反応」を挙《あ》げることができます。

心身《しんしん》には、ストレスがない状態の時、疲労《ひろう》を回復させるために休息《きゅうそく》をし、新たなエネルギーを取り入れる仕組みがあります。これが、リラックス反応です。

リラックス反応は、深呼吸《しんこきゅう》などによって、一層《いっそう》、増大《ぞうだい》するといわれています。こうしたことも、病気への予防・対処《たいしょ》の観点の一つでしょう。

今まで見てきたように、心の安定、健康は、肉体にも大きな影響を及《およ》ぼします。

また、脳梗塞《のうこうそく》などの脳血管障害《のうけっかんしょうがい》を患った場合の予後《よご》についても、心がどういう状態にあるかが、回復を左右《さゆう》します。例えば、リハビリテーションの際、病気を隠《かく》さずに〝自分〟を表《おもて》に出して、人の中に入っていくことが回復を早める場合があるのです。

社会への参加が高める〝満足度〟

さらに、患者さんが、どういう〝環境《かんきょう》〟にいるかも、広い意味での健康の大きな要素です。

以前、ある疾患《しっかん》にかかっている患者さんたちの生活満足度と睡眠《すいみん》の関係について、調査したことがあります。結果は、生活の不満度と、眠《ねむ》れないという〝不眠度《ふみんど》〟が比例《ひれい》するとい

うものでした。

また、同じ調査で、生活の満足度は、その人の社会参加の度合いと比例していました。

ということは、能動的《のうどうてき》な社会参加が、生活の質を向上させ、ひいては〝健康でいられる寿命《じゅみょう》〟を延《の》ばす要因となる可能性があると考えられるのです。

現在、最も注目《ちゅうもく》されている疾患《しっかん》に認知症《にんちしょう》があります。代表的な認知症としてアルツハイマー病がありますが、糖尿病《とうにょうびょう》を患っている場合、通常の2倍の確率《かくりつ》で発症《はっしょう》するとのデータがあります。アルツハイマー病の予防としては、生活習慣病の改善《かいぜん》が大切です。

医学的には、脳の機能が部分的に失われているのがアルツハイマー病ですが、それが原因で家族が最《もっと》も困《こま》る症状《しょうじょう》に、幻視《げんし》・幻聴《げんちょう》、妄想《もうそう》、徘徊《はいかい》等があります。

例えば、自《みずか》らの物を盗《ぬす》まれたと妄想する症状のある場合があります。実際は患者自身が、置いたこと自体を忘れていることによるのですが、一方的に叱《しか》るのではなく、相手に寄《よ》り添《そ》いながら一緒《いっしょ》に捜《さが》してみることも必要です。

一個の人格として患者に向き合う

認知症《にんちしょう》も、相手に合わせた対応が求められます。誰《だれ》かに愛されたい、誰かと一緒にいたいという欲求《よっきゅう》は、人間の基本的な精神的欲求だからです。

心身の関係性の上からも、アルツハイマー病の患者さんが、よりよい老《お》いを過《す》ごせるように、その心が満《み》たされることが重要です。家族、周囲から、患者が一個の人格として認められる必要があるということです。

現代医学は、ともすると、病気が重く、苦しんでいる状態のままでも、単に寿命《じゅみょう》を延《の》ばそうとする傾向があります。もちろん、寿命を延ばすことが悪いということではありません。

これに対し、仏法は、人間の内側に秘《ひ》められた「生命力《せいめいりょく》」を涌現《ゆげん》させるものであり、豊かな生命力で健康と長寿を実現することを目指します。

池田先生は、「高齢化が進む現代にあっては、ただ寿命《じゅみょう》を延《の》ばすということより、いかにして心身ともの健康を回復し、有意義に生きていくかが、重要な課題」と指摘しています。

日蓮大聖人は「年《とし》は・わかうなり」（御書1135ページ）と仰《おお》せになり、年齢を重《かさ》ねても、ますますの生命力《せいめいりょく》で人生を歩《あゆ》んでいけることを教えられています。

何歳になっても、自他共《じたとも》の幸福を願い、前向きに生きていこうとする人は、人生の年輪《ねんりん》を重《かさ》ねても、若々しく、はつらつと生きていくことができます。このことは、私の身内《みうち》を含《ふく》め、数多くの患者さんを診《み》てきた実感の上からいえることです。

高齢者は、家族、周囲の支《ささ》えも必要ですが、生き方次第《しだい》で老《お》いの人生をさらに有意義なものにできるのです。

COLUMN
コラム

価値ある一日一日に

日蓮大聖人は、120歳まで長生きして名《な》を汚《けが》して死ぬよりは、生きて一日でも名をあげることこそ大切であると教えられています（御書1173ジペー）。

ここで「名をあげる」とは、社会の中で、また人生で勝利することであり、そのことを通して人々からの信頼を広げることと拝《はい》されます。

もちろん、何歳まで生きたかは、誰にとっても自身の尊《とうと》い人生の〝軌《き》跡《せき》〟であるといえます。また、加齢《かれい》とともに体が思うように動かなくなっていく現実に直面すれば、さらに信頼を広げていくといっても容易《ようい》でない場合もあります。

大切なことは、限りある一生に何を残したか、どんな価値を生《う》んだかです。たとえ、友人への一言《ひとこと》の励《はげ》ましであっても、その行為は永遠に、わが生命に刻《きざ》まれることを仏法は教えています。

そして仏法は、自他共《じたとも》の幸福の実現が、その目的です。例えば、こうした〝自他共の幸福のため〟という目的観を持って、一日でも長く生き抜くことが、尊《とうと》く価値ある人生を約束するのです。

世界水準！千回の試作、千種類の材料

森悦次郎（もり・こうじろう）
菓子製造・販売会社社長
和洋菓子の製造・販売会社の代表取締役社長。九州・博多の名産品の製造・販売を手掛ける会社の代表取締役会長（いずれも福岡市）。全日本洋菓子工業会理事。博多法人会副会長。１９６９年（昭和44年）入会。壮年部副本部長。九州専門部中央委員として各地のセミナーを担当している。

わが家は江戸時代から代々《だいだい》、博多の地で菓子屋《かしや》を営《いとな》んできました。私は学生時代に信心に巡《めぐ》り合《あ》い、大学卒業と同時に家業《かぎょう》を継《つ》ぐ決心をしました。

父が急逝《きゅうせい》した１９７０年（昭和45年）に社長を継

いだ私が、まず行《おこな》ったのは経営理念を確立することでした。わが社は何を目指すのかを示して、従業員が、より力《ちから》を発揮できるようにしたかったからです。

その理念とは、「お菓子《かし》は人々にくつろぎを与えゆく平和の使者である。お菓子は郷土《きょうど》文化の象徴《しょうちょう》である。その担《にな》い手としての誇《ほこ》りを持ち、おいしいお菓子の原点を求めて研究と奉仕の両輪《りょうりん》で躍進《やくしん》する」というものです。朝、従業員の皆《みな》と、この理念を唱和《しょうわ》して出発する日々が始まりました。

その矢先、第1次オイルショックの影響を受けて、原料の砂糖が入手できなくなり、倒産寸前《とうさんすんぜん》まで追い込まれました。何とか乗り越えたものの、資金繰《ぐ》りは厳しい状況でした。そうした中、75年（昭和50年）に新幹線が博多駅《はかたえき》に開通することになりました。願ってもないチャンスです。新商品の開発へ動き出しました。

母の助言《じょげん》があり、私自身がこれまで食べて感動したお菓子《かし》をモデルに開発が始まりました。参考にしたのは、母の実家で幼《おさな》いころに食べた、きな粉餅《こもち》です。熱湯に浸《ひた》した餅に、きな粉をまぶし、粉々《こなごな》にした黒砂糖をかけるのです。黒砂糖が熱で溶《と》けてくるのですが、それが格別においしいのです。

すでに日本全国で数々のきな粉餅《こもち》が商品化されていましたので、「日本一、いや世界一の商品を作ろう」と決めました。

母と2人で開発に明《あ》け暮《く》れました。餅作りだけで千回に及《およ》ぶ試作。材料の組み合わせ方も、千種類、試《ため》しました。味だけでなく、口溶《くちど》けにも香りにもこだわりました。新幹線開通から2年後、3年がかりで完成した商品が店頭に並びました。これが「筑紫《つくし》もち」です。

食品コンテストで9回の最高金賞

日蓮大聖人は門下《もんか》の四条金吾《しじょうきんご》に、「火をきるに・やすみ《休》ぬれば火をえず」（御書1118ページ《ジ》）と、何があっても信心を貫《つらぬ》き通していくことを教えられています。

この御文は、目的を達成するまで努力を続ける大切さを示しています。新商品の開発に際しても、目標へ粘《ねば》り強《づよ》く挑戦しました。

そして「筑紫《つくし》もち」は、世界的な総合食品コンテスト「モンドセレクション」で、今まで9回の最高金賞を受賞してきました。現状に満足せず、その後も改良を重ねてきた結果だと信じます。

わが社の屋号は、父の代に「五十二萬石本舗《まんごくほんぽ》」に変わりました。「五十二萬石」というのは、かつて福岡の大名だった黒田藩《くろだはん》五十二萬石に由来《ゆらい》します。この黒田藩の藩《はん》祖《そ》が、テレビドラマで話題の黒田官兵衛《くろだかんべえ》（黒田如水《じょすい》）です。

父も官兵衛《かんべえ》を尊敬していました。私も官兵衛について学んでいくうちに魅了《みりょう》されました。

官兵衛《かんべえ》は、若き豊臣秀吉《とよとみひでよし》のもと織田信長《おだのぶなが》に仕《つか》え、そして秀吉の軍師《ぐんし》として天下統一に力《ちから》を発揮し、泰平《たいへい》の世の到来《とうらい》に大きな影響力を及《およ》ぼしました。官兵衛の真髄《しんずい》は、血を流すことなく知略《ちりゃく》で敵を倒すことにありました。また、彼は茶道《さどう》や詩歌《しいか》、中国の古典、土木・建築にも深い造詣《ぞうけい》を示しています。さらに〝人に媚《こ》びず、富貴《ふうき》を望《のぞ》まず〟を信条としていました。

官兵衛《かんべえ》は、戦乱のない平和な時代を築きたいと願っていたと思います。それは、〝お菓子《かし》を通して平和な時代を〟というわが社の理念とも重《かさ》なります。

89年(平成元年)、トップである私の決断で、グループの会社の一つを「如水庵《じょすいあん》」(販売部門)としました。その命名《めいめい》にも、こうした背景があるのです。現在、ブランド名を「五十二萬石如水庵《まんごくじょすいあん》」に統一して、黒田藩《くろだはん》や官《かん》兵衛《べえ》にちなんだお菓子を、これまでいくつも商品化してきました。

それらは世界からも評価をされて、ヒット商品も数々、出ています。その結果、社長就任時に七千万円だった年商は、今ではグループ全体で三十億円に達するまでになりました。

経営のノウハウなどなかった私が会社を発展させることができたのは、経営理念の実現のために日々、命を燃やし、忍耐強《にんたいづよ》く努力と工夫《くふう》を続けてきたからだと思っています。

勇気と知恵で活路《かつろ》を切り開く

大聖人は「なにの兵法《へいほう》よりも法華経《ほけきょう》の兵法をもちひ給《たも》うべし」（御書1192ジペー）と仰《おお》せです。

兵法《へいほう》とは、戦闘の作戦・戦術、また武術のことです。広げて言えば、人生に勝利するための方法といえます。大聖人は、「法華経《ほけきょう》の兵法」つまり信心を根本に、人生の勝利を切り開いていくよう教えられているのです。

決して諦《あきら》めず、くじけない。その支えとなるのが信心です。わが社の倒産の危機は一度だけではありませんでした。しかし、御本尊への祈りを根本に進めば、〝何とかなる。いや、必ず何とかしてみせる〟と、苦境《くきょう》を乗り越えていこうとする勇気や知恵が湧《わ》いてくるのです。

その結果、お客さまに喜んでいただけるような、ベストだと納得《なっとく》できる商品を、作り手の私たちが試行錯誤《しこうさくご》し工夫《くふう》を重ねて、世に送り出すことができました。それはもちろん、心を合わせて社を支《ささ》えてくれる従業員、家族のおかげです。心から感謝しています。

新世紀を迎えた２００１年、わが社は「お菓子は平和の文化、家庭の平和と世界の平和に貢献《こうけん》する」などの経営理念を新たに掲《かか》げ、「世界一の老舗《しにせ》」を目標に出発しました。お菓子で、日本のみならず世界の人々のお役に立っていきたいというのが私の夢です。この夢の実現へ、さらなる挑戦を続けていきます。

COLUMN
コラム

社会で勝利者に

会社経営に携《たずさ》わる友が指針としているのが、「世雄《せおう》」としての生き方です。「世雄」とは、仏《ほとけ》の別号、尊称《そんしょう》です。

日蓮大聖人は門下《もんか》の四条金吾《しじょうきんご》に、「夫《そ》れ仏法と申すは勝負をさきとし、王法《おうほう》と申すは賞罰《しょうばつ》を本《もと》とせり、故《ゆえ》に仏《ほとけ》をば世雄《せおう》と号し」（御書１１６５㌻）と仰《おお》せです。

仏法というのは勝負を第一とし、王法（国王が定める規範《きはん》、また社会の規範）というのは賞罰《しょうばつ》を本《もと》としている。ゆえに、仏を世雄《せおう》と呼ぶとの意味です。世雄《せおう》は、社会の中で優《すぐ》れた知恵を体得《たいとく》して煩悩《ぼんのう》に打ち勝ち、幸福境涯《きょうがい》を開いた勇者です。「世雄」と述べられているのは、仏法の知恵によって社会で堂々と幸福勝利の人生を築く大切さを示すためでしょう。

鎌倉《かまくら》時代の当時、主君《しゅくん》による賞罰《しょうばつ》が、武士の生活を決定づけていました。しかし、仏法を根本とする時、強力な王法にも打ち勝って、信頼と勝利の実証《じっしょう》を示していくことができます。信心根本に自身を変革しながら、勝利へ挑戦し続けていくのが信仰者なのです。

〝言葉にならない思い〟受け止める

北野淳子（きたの・じゅんこ）
小学校教諭
創価大学を卒業後、出身地の香川県で小学校の教員となる。教員生活のうち13年間は特別支援学級で障がい児教育に携わる。１９５８年（昭和33年）入会。香川・大光圏副婦人部長。四国女性教育者委員長。

香川県内の小学校の教員となって30数年。うち13年間は、障がい児教育に携《たずさ》わってきました。ありのまま、取《と》り繕《つくろ》うことなく、心のままにぶつかってくる子どもたちと過ごす日々は、笑いあり涙ありの感動と感謝の連続です。

そんなさなかに起こった東日本大震災。同様の地震や津波《つなみ》があった時、子どもたちを無事に避難《ひなん》させるという課題が、私の脳裏《のうり》から離れなくなりました。

当時、私が受け持つ特別支援学級には4人の子どもがいました。そのうちの一人、ダウン症のA子さんは、階段の昇降《しょうこう》に時間がかかるうえ、地震や雷《かみなり》など突然の事態が起こると、座《すわ》り込《こ》んで動けなくなります。体が大きく、抱《だ》きかかえて避難《ひなん》することができません。

津波《つなみ》を想定して行われた校内避難訓練《ひなんくんれん》で、A子さんは自分で避難することができませんでした。私は、彼女を自《みずか》ら避難できるように育てようと決意を固めました。

水泳の時間を利用して、避難《ひなん》の練習を始めました。そうした中、思いがけないことが起こりました。彼女が突然、「先生、大好き」と言いながら、私に駆《か》け寄《よ》り、飛び付いてきたのです。私はその体を支《ささ》えきれず、抱きとめたまま一緒《いっしょ》に地面に倒れてしまいました。

こちらが言うより早く、「大丈夫《だいじょうぶ》?」と気遣《きづか》う彼女の姿を見て、ハッとしたのです。

〝心の言葉〟に耳を傾《かたむ》ける

私は思いました。――障がいのある彼女を〝守るべき存在〟だと見て、支援をしなくてはと、ついつい手を出し過ぎてはいなかっただろうか。人のことを思いやり、人の役に立ちたいと願うA子さんの気持ちを大事にすることで、彼女は、もっと可能性を発揮《はっき》できるのではないかと。

そして、学習のスタート時には、「大丈夫《だいじょうぶ》。あなたならできるわ。やってみましょうね」と声を掛《か》け、「あなたが頑張《がんば》ってくれてうれしい。ありがとう」と学習を締《し》めくくっていきました。

するとどうでしょう。一度、プールに入ると、指示を全《まった》く聞かず遊びに興《きょう》じていた彼女が、もっと遊びたいという欲求に打ち勝ち、指示を聞いて素早《すばや》く行動に移すことができるようになったのです。

日蓮大聖人は「御義口伝《おんぎくでん》」で、「鏡《かがみ》に向《むか》って礼《らい》拝《はい》を成《な》す時《とき》浮《うか》べる影《かげ》又我《またわれ》を礼拝するなり」（御書769ページ）と教えられています。鏡に向かって礼

拝する時、その鏡に映《うつ》る自分の姿もまた、自分を礼拝するとの意味です。

ここには、相手の生命の仏性《ぶっしょう》（仏《ほとけ》の性分《しょうぶん》）を信じて、相手を心から尊敬し大切にしていく時、相手の仏性も、こちらを尊敬し大切にするという道理が示されています。

相手の立場に立って、児童が伝えたい〝心の言葉〟に耳を傾《かたむ》け、それに応《こた》えようとする教師の姿勢が、児童の成長につながると実感しました。

池田先生は、「教師が子どもたちを信じていく。信じてあげれば、子どもたちは、必ずまっすぐに応えてくれます」「教師の生き方や生徒を思う愛情の深さこそが、子どもたちの心の限りない栄養になる」（『「教育の世紀」へ』第三文明社）と述べています。

避難できるまでに成長

その年、第2回となる避難訓練《ひなんくんれん》は地域ぐるみで行われました。成長したA子さんは、他の児童と同じように、スムーズに避難することができました。それどころか、「大丈夫《だいじょうぶ》よ」と、教師や下級生に励《はげ》ましの言葉を掛けながら避難したのです。

彼女は、その後も数々の課題を克服《こくふく》して、小学校を卒業しました。今でも機会あるごとに母校に立ち寄り、中学校での頑張りを、うれしそうに報告してくれます。

子どもたち全般を取り巻く環境《かんきょう》は、今、目まぐるしく変化しています。

「もっと私の話を聞いて」「私を受け止めて」と、〝声なき声〟を発《はっ》して助けを求めている子どもがたくさんいると思います。

学校生活においても、コミュニケーションがうまく取れないことでいら立ち、人を傷《きず》つける言葉を子どもが発することがあります。

自尊《じそん》感情の低い子どもは特に、〝自分なんか〟という感情が心の中を大きく占《し》めています。

子どもは本心で、人を傷つける言葉を言っているのではなく、その言葉の奥にある〝言葉にならない思い〟を受け止めてほしいと訴《うった》えているのです。

しかし、大人の側に余裕《よゆう》がないと、鏡《かがみ》のように言葉を反射して、一層《いっそう》、子どもの心を傷つけてしまいかねません。子どもの思いを、いかにくみ取り、受け止められるかが大人に問《と》われているのです。

自尊《じそん》感情を高める工夫《くふう》

大聖人は仰《おお》せです。

「餓鬼《がき》はガンジス川を火と見る。人は水と見る。天人《てんにん》は甘露《かんろ》（不死《ふし》の飲料）と見る。水は一つであるけれども、それを見る衆生《しゆじょう》の果報《かほう》（境涯《きょうがい》）にしたがって別々である」（御書1025ジ゙ペー、通解）

こちら側の生命境涯《きょうがい》によって、対象の見え方は変わります。どういう心で子どもに関《かか》わるかが大切であり、教師の見方、捉《とら》え方によって、児童の長所を見いだし、短所を補《おぎな》っていくことができるのです。

私は学級の子どもたちに自尊《じそん》感情を高めてほしいと思い、学校の中で、いろいろな〝用事〟を作ってお手伝いをしてもらいます。

その中で子どもたちは、〝用事〟をやり切ったという自信を持ち、他者(ここでは私のことですが)のために役立つ喜びを感じながら、教師の信頼を実感してくれています。

それは、児童の姿に如実《にょじつ》に表れます。例えば、45分間の授業に集中できるようになり離席《りせき》しなくなった、あるいは友達と仲良く遊べるようになったなど、それぞれの児童が課題を克服《こくふく》しています。

児童を思いやる関《かか》わりが、いかにその子の心を支《ささ》え、自立への勇気を与えるか、計《はか》り知《し》れないものがあると確信します。

これからも、「大丈夫《だいじょうぶ》よ」「あなたならできる」「ありがとう」と、勇気、希望、感謝の言葉を子どもの心の琴線《きんせん》に触《ふ》れるように伝えながら、子どもたちに心豊《こころゆた》かな日々を送り届けていきます。

COLUMN
コラム

一人一人が宝の存在

仏法は、あらゆる人に限りない可能性が具《そな》わることを教えています。大乗仏教の精髄《せいずい》である法華経《ほけきょう》で、釈尊《しゃくそん》が聴衆《ちょうしゅう》に教えを説《と》く場面が描《えが》かれていきます。その中で、地球の直径《ちょっけい》の大きさの3分の1から半分にも及《およ》ぶ巨大な塔《とう》が大地から出現し、空中に浮かびます。しかも、この塔は、金・銀をはじめとする7種もの宝で飾《かざ》られています。

この宝塔は一体、何を意味しているのか。日蓮大聖人の門下《もんか》である阿《あ》仏房《ぶつぼう》は、このことを大聖人に尋《たず》ねました。大聖人は、「阿仏房さながら宝《ほう》塔《とう》・宝塔さながら阿仏房」（御書1304ページ）と教えられました。

この仰《おお》せは、あなた自身がそのまま宝塔《ほうとう》であり、自身の生命こそが宝の集まりであるとの意味です。つまり、一人一人の生命は、それほど尊《とうと》く、計《はか》り知《し》れない可能性を秘《ひ》めているのです。

私たち信仰者は、自他共《じたとも》の生命の可能性を信じ、信仰を根本としながら、その可能性を開花《かいか》させていこうと挑戦しています。

虫歯や歯周病《ししゅうびょう》は全《すべ》ての病《やまい》に通じる

加来弘志（かく・ひろし）
歯科医
加来ひろし歯科医院（北九州市八幡西区）の院長を務める。歯学博士。１９６２年（昭和37年）入会。八幡西本陣区長。九州ドクター部長。

「虫歯や歯周病《ししゅうびょう》は全《すべ》ての病《やまい》に通じる」――大げさなようですが、昔から「歯は万病《まんびょう》のもと」といわれます。

地球誕生後に最初の生命を持った生物は、アメーバのように口《くち》しかありませんでした。その後、腸《ちょう》ができて排泄《はいせつ》が行われるようになり、生命体の最初の形ができました。生命体として生きて

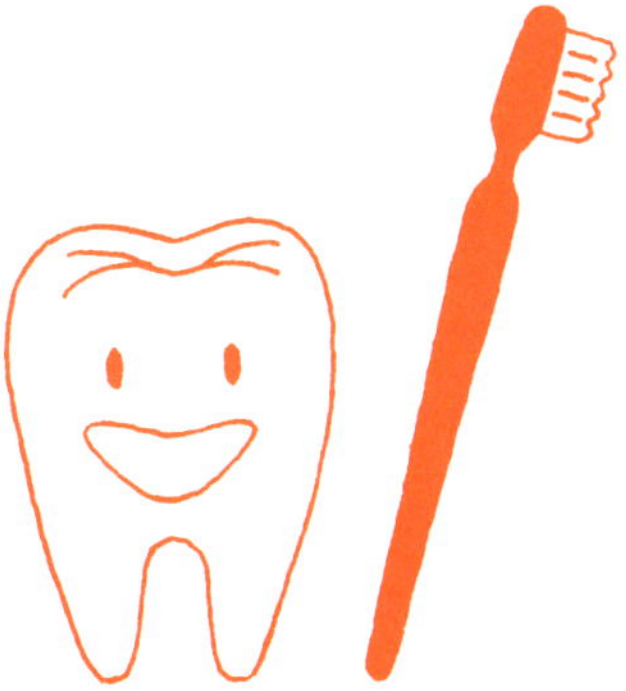

いくには、口《くち》がとても重要になります。

話を病《やまい》のことに戻すと、日蓮大聖人は、その原因について、例えば「飲食節《おんじきせつ》ならざる故《ゆえ》に病《や》む」（御書1009ジペー）と示されています。

節度《せつど》のある食生活でないゆえに病気になるという意味ですが、バランスのとれた栄養を取ることは、健康な歯で、あるいは義歯《ぎし》などを入れて、しっかりかめることが大前提となります。

よくかむことで肥満《ひまん》やがんを予防

よくかんで食べるということは、栄養を取るだけでなく、次のような素晴《すば》らしい効果がたくさんあります。

①肥満《ひまん》を防止できます。よくかむと食物《しょくもつ》を細《こま》かくできるので消化をよくし、栄養をより良く吸収します。また、血糖値《けっとうち》が上昇し満腹中枢《まんぷくちゅうすう》を刺激《しげき》し、食べる量が減《へ》ります。

②唾液《だえき》の分泌《ぶんぴつ》を促進《そくしん》し、がんを予防します。唾液の中には、発《はつ》がん抑制《よくせい》物質が含まれています。他にも消化を助ける酵素《こうそ》や抗菌《こうきん》物質など、体に良い成分が多く含まれます。また唾液は食物を洗い流し、虫歯や歯周病《ししゅうびょう》の予防にも役立ちます。

③脳の老化を防ぎます。よくかむことが脳細胞の働きを活発にし、認知症《にんちしょう》などの予防にも役立ちます。

④口《くち》の周《まわ》りの筋肉や神経に、良い影響を与えます。口の周りの筋肉が発達すれば言葉もしっかりと発音できますし、表情も豊《ゆた》かになります。また、強くかめることは全身の体力向上にもつながります。

もう一つだけ挙《あ》げると、よくかめておいしく食事ができるということは、何よりも心の安定につながります。

逆に、かめなくて食事が思うようにできないと、ストレスを感じます。おいしく食べることができないなどのストレスは、仏法で説く「色心不二《しきしんふに》」の観点から見ると、健康面で大きなマイナス要因になってしまいます。

以上のように、よくかむことは、全身《ぜんしん》の健康に結び付きます。

ただ現代人は、かむ回数が昔に比《くら》べてかなり減っていて、1回の食事で約620回かんでいるといわれます。

ちなみに、弥生《やよい》時代の人は1回の食事で約4000回も、かんでいたそうです。かむ回数が減った現代の人々に、私たち歯科医は、一口《ひとくち》30回かむことを勧《すす》めています。

よくかんで食べる効果

① 肥満《ひまん》を防止
② 唾液の分泌を促進し、がんを予防。また、食物を洗い流し、虫歯《むしば》や歯周病《ししゅうびょう》の予防にも役立つ
③ 脳の老化を防ぐ。認知症《にんちしょう》なども予防
④ 口の周りの筋肉や神経に、良い影響を与える。言葉もしっかりと発音、表情も豊かに。また、全身の体力向上にも
⑤ 心の安定につながる

近年、注目される糖尿病《とうにょうびょう》との関連

冒頭に「虫歯や歯周病《ししゅうびょう》は全《すべ》ての病《やまい》に通じる」と書きましたが、特に歯周病は、生活習慣病など、さまざまな全身疾患《しっかん》と関連があります。その中でも糖尿病《とうにょうびょう》との関連性は、近年、注目されており、歯周病は糖尿病の6番目の合併症《がっぺいしょう》と位置付けられています。

歯周病菌《ししゅうびょうきん》から出される内毒素《ないどくそ》が、歯肉《しにく》から血管内に入り、血糖値を下げるインスリンの働きを邪魔《じゃま》することが解明されています。この歯周病菌を歯周病治療でコントロールすることにより、血糖値コントロールが改善され、そのことが糖尿病治療に役立つという結果が得られています。

また、糖尿病《とうにょうびょう》の治療によって歯周病の改善

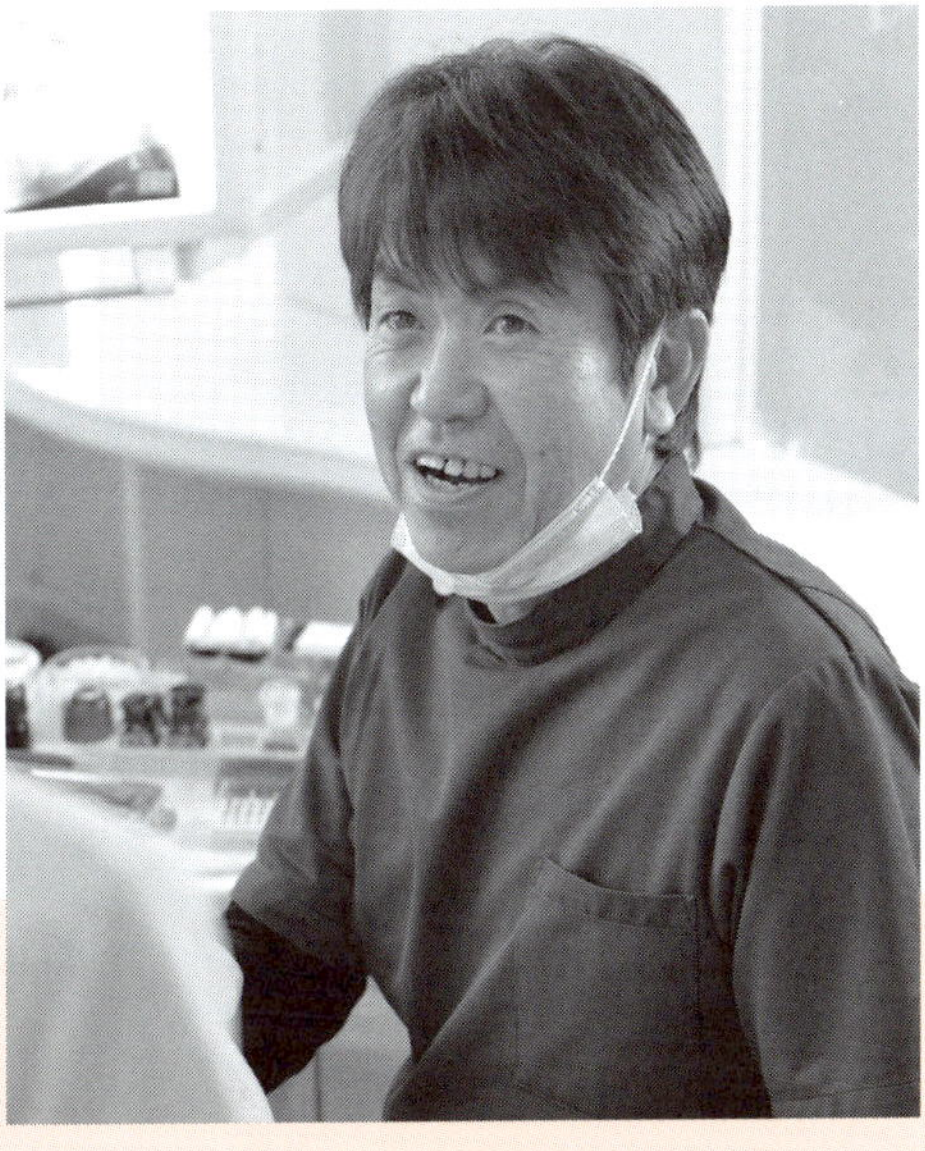

が見られることも判明《はんめい》しており、糖尿病と歯周病《ししゅうびょう》は相互《そうご》関係にあるといえます。

その他、歯周病《ししゅうびょう》が全身に及ぼす影響の一つに肺炎《はいえん》があります。高齢になると死因で増加するのが肺炎です。この原因の一つが誤嚥性《ごえんせい》肺炎です。これは、うまく飲み込むことができず気管《きかん》や気管支《し》に誤嚥して、細菌が肺に入ることによって起こるのですが、この原因となる細菌の一つは歯周病菌です。

また、妊娠《にんしん》している女性が歯周病《ししゅうびょう》に罹患《りかん》している場合、低体重児および早産《そうざん》の危険度が高くなることが指摘されています。さらに、がんや認知症《にんちしょう》、肥満、骨粗鬆症《こつそしょうしょう》など、歯周病が全身へ影響するといわれています。

プラーク（歯垢《しこう》）をコントロールする

それでは、歯周病《ししゅうびょう》や虫歯を予防していくにはどうすればいいのでしょう。

歯周病《ししゅうびょう》や虫歯の主な原因は、プラーク（歯垢《しこう》）と呼ばれるもので、この約80％は細菌で構成されています。プラークは、歯の表面や歯周《ししゅう》ポケットにたまります。このプラークを取り除き、コントロールすることが大事な予防法となります。具体的には、きちんと歯を磨《みが》くということです。

何事も、予防、用心《ようじん》は大切です。大聖人の門下・四条金吾《しじょうきんご》が敵《てき》から狙《ねら》われ、その危機を乗り越えたことがありました。この時、大聖人は「前前《さきざき》の用心」（御書１１９２ページ）、すなわち普段《ふだん》からの用心のおかげで無事に存命《ぞんめい》できたのだと喜ばれました。

また、これは信仰の実践になりますが、大聖人は、私たちが自《みずか》らの生命を「日夜《にちや》朝暮《ちょうぼ》に又懈《またおこた》らず磨くべし」（御書３８４ページ）と教えられ、南無妙法蓮華経の題目を日々、唱えていくことが生命を磨くことになると示されています。歯も磨き続けることで健康を保てるのです。

具体的には、毎日、そしてできるだけ毎食後、歯を磨《みが》くのが良いとされます。特に、虫歯は寝《ね》ている間《あいだ》に作られるといわれるので、就寝前《しゅうしんまえ》は丁寧《ていねい》に磨くことが大切です。個人に合った磨き方は、かかりつけの歯科医院で確認してください。

仏法は、「信じる」ことの重要性を強調しています。一般的には、薬でないものでも「よく効く薬《き》」と信じ切って飲むことで、症状が改善することがあります。いわゆる「プラシーボ効果」です。

医者と患者《かんじゃ》との関係においても、大切なのは信頼関係です。経験上、患者さんとの信頼関係が良好《りょうこう》な場合、治療もスムーズで回復も早いケースが多々あります。

ドクター部のモットーの一つに、「社会・地域の『信頼の灯台《とうだい》』に」とあります。私も妙法の歯科医師として、歯科医療の知識・技術の向上に努力することはもちろん、人間性を磨《みが》き、地域の皆《みな》さまに信頼される〝ホームドクター（かかりつけ医）〟を目指して、精進《しょうじん》してまいります。

COLUMN
コラム

「色心不二《しきしんふに》」を説《と》く仏法

歯の健康は、肉体だけでなく、心身《しんしん》にわたる健康に密接《みっせつ》に結び付いています。

仏法では「色心不二《しきしんふに》」と説《と》いています。これは、色法《しきほう》（物質・肉体面の働き）と心法《しんぽう》（心の働き）が、一見、別のもののように見えて、実は分かちがたく関連していることを教えています。

「御義口伝《おんぎくでん》」には「色心不二《しきしんふに》なるを一極《いちごく》と云《い》うなり」（御書708ページ）と示されています。

自身の心に本性《ほんしょう》として具《そな》わっている可能性を、現実の目に見える色法《しきほう》の上に自在に開き顕《あらわ》せば、内《うち》なる心法と外なる色法とが一致します。この色心不二《しきしんふに》が実現したのが、最高の境涯《きょうがい》である仏界《ぶっかい》であり、そのための妙法なのです。

仏法は、このような生命の根源《こんげん》のあり方を説《と》き明かしています。

もちろん人間は、肉体だけの存在ではありません。健康をトータルに捉《とら》えようとする時、心の働きを無視することはできないでしょう。

色心不二の法理は、ともすると人間の全体像を見失《みうしな》いがちな現代医学にとって、その進むべき道を示す〝指標《しひょう》〟となるのです。

「いのち教育」「平和の大切さ」

得丸定子（とくまる・さだこ）
上越教育大学名誉教授
専門分野は、家庭科教育、栄養学、死生学。学術博士。1973年（昭和48年）入会。支部副婦人部長。

大切ないのち——子どもも大人も、誰もが分かっています。正面切って「いのちを大切に」と訴《うった》えても、多くの人は「分かっている」「当たり前」と、心の底では思うのではないでしょうか。

さかのぼると、1980年代後半ごろから、「いのちへの希薄感《きはくかん》が増《ま》した」「生命尊重《そんちょう》の教育を」などと、世間で言われてきています。その中

にあって、「いのちの教育」「生と死の教育」という「教育」に関心が寄《よ》せられてきました。

究極的には、あらゆるいのちが尊《とうと》ばれていて、「いのちを大切にする教育」など必要とすらされない社会が理想ではあります。しかし、いのちに関《かか》わるさまざまな課題が存在する現状を見れば、やはり、いのちについて学ぶことをなおざりにはできません。

学校教育では、「学習指導要領《ようりょう》」が「生きる力《ちから》」を基本に据えていますし、学校教育に限らず、全《すべ》ての教育の根底《こんてい》に「いのちの大切さ」「生きる力」「生きる哲学」を置くことが望《のぞ》まれています。

「いのちを大切にする」「生きることを学ぶ」教育には、日本では正式な公的《こうてき》用語はありません。私は、これを「いのち教育」と呼んでいます。ここでは、その言葉を使います。

“対極《たいきょく》”からのアプローチ

大切なことを伝えるための方法として、しばしば用《もち》いられるのが、対極《たいきょく》からのアプローチです。

例えば、「平和の大切さ」を伝えたい時、平和の逆《ぎゃく》の「戦争」の悲惨《ひさん》さを持ち出し、最終目標として「平和の大切さ」を訴《うった》えます。

「いのち教育」では、どのようなアプローチが可能でしょうか？　今、平和を例に挙《あ》げましたが、同じように「死」の側面《そくめん》から、「生きる」「生きている」ことの大切さに迫《せま》ることができます。言い換《か》えれば、生きていくことの大切さを、「生」と「死」の両面から伝えていくのが「いのち教育」です。

20世紀初めごろから死をタブー視するようになったといわれます。死のタブー視の背景として挙《あ》げられるのは、病院死の増加、日常生活からの死の切《き》り離《はな》しなどです。それに加えて、「葬送儀礼《そうそうぎれい》の簡素化《かんそか》」も挙げられます。

現在では、書店で死に関する本がたくさん並《なら》ぶようになり、「私（第一人称）の死」

や「誰か（第三人称）の死」に言及《げんきゅう》することはタブーではなくなっているようです。しかし、「〝あなた〟に当たる大切な人（第二人称）の死」は、依然《いぜん》として語りにくい死のようです。

生の対極である死から生きることを学ぶアプローチに対しては、子どもも大人も襟《えり》を正して耳を傾《かたむ》けます。

「いのち教育」など、ここでは「いのち」という表記を使っています。根源的《こんげんてき》な問《と》いではありますが、「いのち」って何でしょう？

一般的に日本人の多くは、草木《そうもく》や国土《こくど》、あらゆるものに「いのち」が宿《やど》っているという感覚を持っているとされます。この背景には仏教などの影響もあるのでしょう。

「死生観《しせいかん》」を親子で語り合う

東洋で生まれた仏教は、生命の永遠性という考え方を下敷《したじ》きにしています。

第2代会長の戸田城聖《とだじょうせい》先生は、このように述べています。

「現在生存《せいぞん》するわれらは死という条件によって大宇宙の生命へとけ込み、（中略）なんらかの機縁《きえん》によってまた生命体として発現《はつげん》する。かくのごとく死しては生まれ生まれては死し、永遠に連続するのが生命の本質である」（『戸田城聖全集』第6巻）

私は今、研究者としての立場で次世代《じせだい》への「いのち教育」のあり方を模索《もさく》しています。日常生活での「いのち教育」は、まず、自分の生き方を日々の自分の姿で見せて語ることだと思います。つまり、自分の「死生観《しせいかん》」を子どもと共《とも》に語り合うことです。

そうした場の一つとして、ペットの亡《な》くなった時が挙《あ》げられます。人間より概《がい》して寿《じゅ》

命《みょう》の短いペットの死は、死と向き合う貴重《きちょう》な経験の場です。

また、葬儀《そうぎ》に参列《さんれつ》する機会があれば、子どもと一緒《いっしょ》に故人《こじん》とのお別れをすることは、大事な教育の場です。

「子どもは騒《さわ》ぐから」「葬式《そうしき》など意味が分からないから」と参列に加えないのではなく、子どもに葬儀《そうぎ》の意味をよく話した上で、積極的に参加させることが大切です。もちろん嫌《いや》がる子どもを無理に連れていくことはありません。

さらに、葬儀後《そうぎご》の一連《いちれん》の儀礼《ぎれい》を子どもと共《とも》に行うことも大事にしたいと思います。子どもが、そうしたことの意味について分からなくても、成長するにつれて、〝点〟としての経験が〝線〟としてつながり、〝面〟へと広がり、人生で大きな意味を持つようになるからです。

妙法で結《むす》ばれた絆《きずな》は三世《さんぜ》永遠

肉親《にくしん》をはじめ愛する人との死別《しべつ》は悲しいものです。しかし、そうした悲しみをも乗り越える希望を、仏法は示しています。

日蓮大聖人御在世《ございせ》の当時、大聖人の門下《もんか》に南条時光《なんじょうときみつ》という青年がいました。幼《おさな》くして父を亡《な》くした時光に、大聖人は、こう励《はげ》まされています。

「この経（＝法華経《ほけきょう》）を受持《じゅじ》する人々は、他人であっても同じく霊山《りょうぜん》にまいられて、また会うことができるのです。まして、亡《な》くなられたお父さまも、あなたも、同じく法華経を信じておられるので、必ず同じところにお生まれになるでしょう」（御書1508ジペー、通解）

妙法によって結《むす》ばれた絆《きずな》は三世《さんぜ》永遠であり、相手の死によって失われることはないのです。

「生と死」は、私たちにとって人生の大きなテーマです。大聖人は「先臨終《まずりんじゅう》の事《こと》を習《なら》うて後《のち》に他事《たじ》を習うべし」（御書1404ジペー）と仰《おお》せです。

生と死は、切っても切れない関係にあります。「どう死ぬか」を学ぶことは、「どう生きるか」を学ぶことです。そして、限りある生を、より尊《とうと》いものにするには、

「生も死も含めた永遠の生命という視点」がどうしても不可欠《ふかけつ》です。

大聖人は先の仰《おお》せを通して、誰人《たれびと》も避《さ》けられない死の問題から目をそらさず向き合ってこそ、真に幸福な人生を確立することができると教えられているのです。

日常の経験を通して、人が、いのちの尊《とうと》さを肌身《はだみ》で感じ、生命を尊ぶ生き方をつくり上げていく中に、確かな幸福が築《きず》かれると信じています。

COLUMN
コラム

生死《しょうじ》を正しく見つめる生命観の確立を

法華経《ほけきょう》では、生命は今世《こんぜ》限りのものではなく、永遠に続いていくと説《と》いています。

日蓮大聖人は、この法華経の生命観を踏まえ、妙法と一体となった生命は、生死《しょうじ》のあらゆる苦しみを超えて、永遠に仏界《ぶっかい》の軌道《きどう》を進んでいくことができると教えられました。

例えば「御義口伝《おんぎくでん》」には、「自身法性《じしんほっしょう》の大地を生死生死と転《め》ぐり行くなり」（御書724ページ）と示されています。

池田先生は、こうした日蓮仏法の哲理《てつり》を、「生《せい》も歓喜」「死も歓喜」という壮大《そうだい》な生死観として現代に展開しています。そして、今世の〝生〟を最も価値的に生き抜いていく道を指し示してきました。

池田先生は、次のように洞察《どうさつ》しています。

「死を排除《はいじょ》するのではなく、死を凝視《ぎょうし》し、正しく位置づけていく生命観、生死観、文化観の確立こそ、二十一世紀の最大の課題となってくると私は思います」（『池田大作全集』第2巻）

草花は語る"逆境は好機《チャンス》"と

育種家
大沼文夫（おおぬま・ふみお）
大学院で修士号（農学）を取得し、1973年（昭和48年）、種苗会社に入社。ブロッコリー、ネギなどの品種改良に携わり、実績を挙げてきた。雪印種苗㈱技術顧問。60年（同35年）入会。外房総県副総県長。総千葉農漁光部長。

春は多くの植物にとって、開花の季節でもあります。

花の周《まわ》りには、小さな昆虫《こんちゅう》が忙《いそが》しそうに動き、心和《こころなご》む一時《ひととき》です。

私の仕事は、この、花を相手にした、野菜の品種改良です。4月は職場の農場の花も最盛期《さいせいき》で、人の手によって交配《こうはい》が進められています。早いも

ので、仕事を始めて40数年になりますが、この間《かん》、植物の弱そうで強い生命の力《ちから》を身近に感じ、自分も励《はげ》まされてきたように思います。

今咲く多くの植物は、地球の誕生以来、非常に長い年月をかけて出来上《できあ》がってきました。そうした植物は、激しい環境《かんきょう》の変化を忍耐《にんたい》強く勝ち越えてきた勝利者なのかもしれません。

日蓮大聖人は「物《もの》の性《しょう》は境《きょう》に依《よ》って改《あらた》まる」（御書31ジペー）と仰《おお》せです。物の性質は、その置かれた環境《かんきょう》によって変わるとの意味です。人間も、植物も、多くの困難な状況を乗り越えていくからこそ強くなっていくことができるといえます。

特に、植物は、移動して困難から逃げることはできません。人間に踏《ふ》まれようが、大雨に打たれ大風に吹かれようが、じっと耐《た》えているのです。そして、生き残った植物は、種子《しゅし》となり子孫を残していくことになります。

日本で初めての新種《しんしゅ》のブロッコリー

私は、育種家《いくしゅか》としてブロッコリーとネギに長い間、携《たずさ》わっていますが、品種改良とは、現状を見て、次の時代に合った品種をつくることにあると思っています。

ブロッコリーの仕事を始めた当時、私の住む千葉県は、全国でも屈指《くっし》の産地でした。しかし、この産地に大きな病気が発生したのです。ブロッコリーの葉が垂《た》れて黄色になり、根には拳《こぶし》ほどの大きなこぶができたのです。「根こぶ病」でした。

この病気は、キャベツや白菜《はくさい》にもつきやすく、全国的に蔓延《まんえん》し始めていました。農家の方の要望もあり、これを契機《けいき》に新《あら》たな品種の育成が始まりました。

根こぶ病に強い素材があるかどうかが、大きな問題となりました。日本や世界から素材を収集し、根こぶ病に汚染《おせん》された、農家の畑で選抜を行いました。

幸《さいわ》いにも、わずかにこぶはつくものの、生育は健全な素材があったのです。しかし、ブロッコリーとしての品質は悪いため、品質の良い素材へと変えていく必要がありました。

ここから、育種《いくしゅ》の地道な仕事が始まります。根こぶ病に強い素材と、ブロッコリーの品質の良い素材を掛《か》け合《あ》わせ、この中から、病気に強く、品質の良い個体を選抜していくのです。

選抜は、ここでも根こぶ病で栽培《さいばい》のできなくなった畑を使います。病気に弱い株は死んでいきます。病気に強くても品質の悪い株は捨てます。こうして、〝親〟として使える素材をつくるまでに5年を費《つい》やしました。

この素材を使い、日本で初めて、根こぶ病耐病性《たいびょうせい》のブロッコリーができたのです。これを1984年(昭和59年)、全日本原種審査会に出品し、最高賞の「1等特別賞」を獲得《かくとく》しました。

また、このブロッコリーは、農業の機関誌「農耕と園芸」の表紙やグラビア写真に、〝根こぶ病耐病性《たいびょうせい》品種、誕生〟と紹介され、農家の方にも喜んでいただくことができたのです。

植物の成長に例《たと》えられる成仏《じょうぶつ》

一方、ネギの場合、暑《あつ》さや長雨に弱い傾向があり、葉や根を強くする必要がありました。このため、選抜を、千葉の農場以外の、群馬や新潟のより厳《きび》しい環境《かんきょう》で行い、そして、栽培がしやすく収量《しゅうりょう》の上がる品種を世に送り出してきました。

品種改良は、今後も、病虫害《びょうちゅうがい》に強い品種、おいしくて収量《しゅうりょう》が多い品種、悪天候に強い品種等々、さまざまな要望に応《こた》えて改良されていくと思います。

大聖人は「法華経《ほけきょう》を耳にふれぬれば是《これ》を種《たね》として必ず仏《ほとけ》になるなり」（御書552ジペー）と仰《おお》せです。

あらゆる人が成仏《じょうぶつ》できると説《と》くのが法華経《ほけきょう》

であり、私たちは法華経の教えを耳にすることで、これが〝種《たね》〟となり、成仏を果たすことができます。

仏《ほとけ》の境涯《きょうがい》を胸中に開いていくことが、いわば種《たね》からの植物の成長に例《たと》えられているのです。仏教が、大きな可能性を秘《ひ》めた植物の種に着目してきた証左《しょうさ》といえるでしょう。

長年、植物に関《かか》わってきた者として、植物も一個の生命体であることを強く実感します。そうした実感から、植物は、さまざまな環境《かんきょう》の変化を常に待ち続けているようにも思います。そして、植物は、自然からの〝挑戦《ちょうせん》〟に〝応戦《おうせん》〟することで、自身を強くできるのだと、まるで理解しているように感じられます。

人生は多くの困難に直面しますが、困難を乗り越えずして、進歩はありません。大聖人は、「鉄《くろがね》は炎打《きたい》てば剣《つるぎ》となる」（御書958ページ）と教えられています。鉄は熱して繰り返し打たれ、不純物《ふじゅんぶつ》が取り除かれることで、容易《ようい》には折れない剣となります。人も試練《しれん》と戦うことで強くなります。

植物は無言《むごん》ですが、私たちに〝逆境《ぎゃっきょう》にぶつかった時は、チャンス〟と言っているように思うのです。

「食は文化　食は命《いのち》」

地球的規模で見た時、21世紀の大きな課題は地球温暖化と食糧《しょくりょう》問題ではないでしょうか。世界の人口の急激な増加は、食糧問題に直結します。特に、地球温暖化は、作物の栽培に支障《ししょう》をきたし、新たな病虫害の発生も懸念《けねん》されます。

平和の基盤には、食生活が安定していることが不可欠《ふかけつ》です。

池田先生は「食は文化、食は命《いのち》。食べ物のことを、いいかげんに考える社会は、おかしくなる」と述べています。

おいしいもの、好きなものを、たくさん食べることができてこそ、文化国家だと思います。その意味で、農林水産業のますますの発展を願わずにはいられません。

環境《かんきょう》の変化に対応した品種の育成には、長い時間を要しますが、変化の動向を見《み》極《きわ》めて素早《すばや》く対応していくことが、ますます求められていくでしょう。

生産者に喜ばれ、消費者にも満足していただける品種の改良に、これからも力《ちから》を尽《つ》くして取り組んでいきます。

「仏法即社会《ぶっぽうそくしゃかい》」の賢者《けんじゃ》たれ！

池田 大作

仏法《ぶっぽう》は
即《すなわ》ち
世間《せけん》の法《ほう》なれば
社会《しゃかい》の中で
仏《ほとけ》になるなり

蓮祖大聖人《れんそだいしょうにん》は、「観心本尊抄《かんじんのほんぞんしょう》」において厳然《げんぜん》と宣言《せんげん》なされた。
「天《てん》晴《は》れぬれば 地《ち》明《あきら》かなり 法華《ほっけ》を識《し》る者《もの》は 世法《せほう》を得可《うべ》きか」（御書254ページ）
真実の生きた仏法は、何《なん》と広々と社会に開かれていることか。いな、何と晴《は》れ晴《ば》れと社会を照《て》らして、リードしゆくことか。

「智者《ちしゃ》とは世間《せけん》の法《ほう》より外《ほか》に仏法《ぶっぽう》を行《おこな》ず」（御書1466ﾍﾟｰｼﾞ）との仰《おお》せ通りに、創価《そうか》の師弟《してい》は、人間《にんげん》の中へ、民衆《みんしゅう》の中へ、社会《しゃかい》の中へ、勇《いさ》み飛《と》び込《こ》んで「随縁真如《ずいえんしんにょ》の智《ち》」(1)を発揮《はっき》してきた。

現実《げんじつ》の社会《しゃかい》から逃避《とうひ》するのでもなければ、権力《けんりょく》に迎合《げいごう》するのでもない。いわんや、邪宗門《じゃしゅうもん》のごとき狂信《きょうしん》は絶対に許《ゆる》さない。

人類史《じんるいし》を大きく画《かく》する、「宗教《しゅうきょう》のための人間《にんげん》」から「人間のための宗教」への大転換《だいてんかん》を、創価学会《そうかがっかい》は成《な》し遂《と》げてきたのだ。

動揺《どうよう》の
暗《くら》き社会《しゃかい》に
われわれは
偉大《いだい》な思想《しそう》の
王者《おうじゃ》と指揮《しき》とれ

(1) 縁にしたがって、変化する現実に即応して発揮される実践的な知恵

「御《おん》みやづかい《任官》を法華経《ほけきょう》とをぼしめせ、『一切世間《いっさいせけん》の治生産業《ちせいさんぎょう》は皆《みな》実相《じっそう》と相違背《あいいはい》せず』とは此《こ》れなり」（御書1295ページ）

自《みずか》らの「仕事《しごと》」を「法華経《ほけきょう》」と思《おも》って、真剣《しんけん》に取《と》り組《く》みなさい――この「檀越某御返事《だんおつぼうごへんじ》」の一節《いっせつ》は、私たちの永遠《えいえん》の指針《ししん》である。

これは、伊豆流罪《いずるざい》、佐渡《さど》流罪に続《つづ》いて、三度目の流罪に遭《あ》われるかもしれぬという状況《じょうきょう》の中で記《しる》された御聖訓《ごせいくん》である。

正義《せいぎ》ゆえの迫害《はくがい》を、大聖人《だいしょうにん》は「百千万億倍《ひゃくせんまんおくばい》のさいわいなり」（同ページ）と誉《ほま》れとなされた。そして門下《もんか》に、職場《しょくば》を人生《じんせい》の主戦場《しゅせんじょう》と定《さだ》めて断《だん》じて勝利《しょうり》せよと、「師子王《ししおう》の心」を打ち込まれたのである。

わが師《し》・戸田城聖先生《とだじょうせいせんせい》も、仕事《しごと》については厳格《げんかく》であられた。「信心《しんじん》は一人前《いちにんまえ》、仕事は三人前《さんにんまえ》」と教えられた。この師のもと、私は師子奮迅《ししふんじん》の力《ちから》で働《はたら》き通《とお》した。それは、最悪《さいあく》の事業《じぎょう》の苦境《くきょう》も、法華経《ほけきょう》の兵法《へいほう》で必《かなら》ず打開《だかい》できることを示《しめ》し切《き》る戦《たたか》いであった。

広布《こうふ》とは
社会《しゃかい》に働《はたら》く
人《ひと》びとが
幸福勝《こうふくか》ちとる
証《あかし》なるかな

仕事《しごと》は、たゆみなき「創意《そうい》」と「工夫《くふう》」の挑戦《ちょうせん》である。
ブラジルの文豪《ぶんごう》アントニオ・アウストレジェジロは語《かた》った。
「いついつも、〝勝利《しょうり》〟を念頭《ねんとう》に置《お》き給《たま》え！
数々《かずかず》の創意工夫《そういくふう》は〝勝利《しょうり》〟へ準備《じゅんび》を整《ととの》える〝行動《こうどう》〟である」(2)
油断《ゆだん》や惰性《だせい》を排《はい》して、新鮮《しんせん》な活力《かつりょく》で一日の仕事《しごと》に臨《のぞ》むことが、勝利《しょうり》への道《みち》だ。そ
の源泉《げんせん》こそ、朝の朗々《ろうろう》たる勤行唱題《ごんぎょうしょうだい》である。
それは、今《いま》いる場所《ばしょ》で、勇気《ゆうき》と智慧《ちえ》、誠実《せいじつ》と忍耐《にんたい》を尽《つ》くして、「いなくてはなら

(2) *Dicionário de Pensamentos*, compiled by Folco Masucci, Livraria Editôra Importadora Americana Ltda

ない人《ひと》」との信頼《しんらい》を勝《か》ち得《え》ていく戦《たたか》いだ。

へこたれてはならぬ。戸田先生《とだせんせい》は、青年《せいねん》を励《はげ》まされた。

「どんな会社《かいしゃ》や組織《そしき》でも、嫌《いや》な人間《にんげん》や悪《わる》い人間は必《かなら》ずいるものだ。何《なに》も問題《もんだい》がないなどというのは、ありえない。

問題《もんだい》があるから、力《ちから》がつく。悪《わる》い人間《にんげん》がいるから、境涯《きょうがい》が大きくなる。そう達観《たっかん》して、大きく強《つよ》く生《い》き抜《ぬ》いていくことだ」

釈尊《しゃくそん》の弟子《でし》の須達長者《すだつちょうじゃ》は、七度、貧窮《ひんきゅう》のどん底《ぞこ》を経験《けいけん》したと言《い》われる。しかし、この夫妻《ふさい》は、どんな時《とき》にも、師匠《ししょう》をお護《まも》りするためには何《なに》も惜《お》しまなかった。その心《こころ》で、最後《さいご》は勝《か》った。インド第一《だいいち》の大長者《だいちょうじゃ》となって、祇園精舎《ぎおんしょうじゃ》を建設《けんせつ》し、師《し》に捧《ささ》げたのである。

わが学会《がっかい》も、文化本部《ぶんかほんぶ》、社会《しゃかい》本部、地域《ちいき》本部、教育《きょういく》本部、国際《こくさい》本部の尊《とうと》き同志《どうし》を先頭《せんとう》に、創価《そうか》の賢者《けんじゃ》と長者《ちょうじゃ》が光っている。

その活躍《かつやく》を、世界的《せかいてき》な宗教社会学者《しゅうきょうしゃかいがくしゃ》でハーバード大学の教授《きょうじゅ》であられたジェームス・アダムス博士《はかせ》も賞讃《しょうさん》してくださった。

「社会《しゃかい》の変化《へんか》の中で、個人《こじん》を磨《みが》き、深化《しんか》させていってこそ、そこに歴史《れきし》を変《か》える智慧《ちえ》と力《ちから》が育《はぐく》まれるのです。その意味《いみ》で、創価《そうか》の思想《しそう》と行動《こうどう》は、大変《たいへん》に重要《じゅうよう》な意義《いぎ》をはらんでいます」

世界《せかい》も見《み》つめる「人材《じんざい》・拡大《かくだい》の年《とし》」。それは、まず自分が「仏法即社会《ぶっぽうそくしゃかい》」の太陽《たいよう》となって、希望《きぼう》の光線《こうせん》を拡大しゆく一年だ。

敢然《かんぜん》と
厳《きび》しき社会《しゃかい》に
踊《おど》り出《で》よ
勝《か》ちゆけ 勝《か》ち抜《ぬ》け
創価《そうか》の博士《はかせ》と

（「大白蓮華」２００８年２月号）

生活に生きる仏教

発行日　二〇一七年十月二日

編　者　聖教新聞社教学解説部

発行者　松岡　資

発行所　聖教新聞社

〒一六〇-八〇七〇　東京都新宿区信濃町一八
電話〇三―三三五三―六一一一（大代表）

印刷・製本　大日本印刷株式会社

＊

定価は表紙に表示してあります
ISBN 978-4-412-01633-0
表紙 ©SOURCENEXT CORPORATION /amanaimages